HEINZ A. SCHLEICHER

Kapitalbewegungen, Kapitalbildung und wirtschaftliche Integration

Wiener wirtschafts- und finanzwissenschaftliche Untersuchungen

Herausgegeben von Prof. Dr. Wilhelm Weber, Wien

Band 2

Kapitalbewegungen, Kapitalbildung und wirtschaftliche Integration

Von

Dr. Heinz A. Schleicher

DUNCKER & HUMBLOT / BERLIN

Veröffentlicht im Februar 1969
Alle Rechte vorbehalten
© 1969 Duncker & Humblot, Berlin 41
Gedruckt 1969 bei Buchdruckerei Bruno Luck, Berlin 65
Printed in Germany

Vorwort

Diese Arbeit ist eine etwas veränderte Fassung meiner Dissertation. Das ursprüngliche Manuskript war schon im Sommer 1964 abgeschlossen. Im Herbst 1966 überarbeitete ich es an verschiedenen Stellen. Insbesondere vertauschte ich das Kapitel IV, das in einer ersten Version den monetären Transfer behandelte, mit einer einfachen empirischen Untersuchung anhand erster Daten aus der Europäischen Wirtschaftsgemeinschaft. Dies, so glaube ich, ermöglichte zumindest teilweise eine Konfirmation — oder Falsifikation — der in den ersten drei Kapiteln aufgestellten Hypothesen.

Die verwendeten Methoden sind neoklassisch, keynesianisch und post-keynesianisch. In vieler Hinsicht ist meine heutige Einstellung zur „Orthodoxie" in den Wirtschaftswissenschaften viel kritischer als damals. Die starken Voraussetzungen der Neoklassik, wie beispielsweise die Kontrolle aller Variablen oder das Fehlen des politischen Elements, die gerade bei Integrationsprojekten zwischen wenigen Mitgliedsländern sehr fraglich sind, dann die schwerwiegenden Implikationen der Aggregation in keynesianischen und post-keynesianischen Modellen und schließlich der begrenzte Aussagewert einfacher Korrelationen und der Varianz-Kovarianz-Matrizen sind nur insoweit vertretbar, als die vorliegende Arbeit eher eine Anwendung bestehender Theorien auf die wirtschaftliche Integration als eine Weiterentwicklung dieser Theorien darstellen soll.

Diese Untersuchung hätte in der jetzigen Form nicht abgeschlossen werden können, hätte ich nicht die einmalige Gelegenheit gehabt, während meines Aufenthaltes an der Universität von Princeton in der stimulierenden Umgebung des Econometric Research Program unter seinem Direktor, Professor Oskar Morgenstern, arbeiten zu können. Häufige Diskussionen mit Professor Fritz Machlup von der International Finance Section ließen mich nicht nur Fehler vermeiden, sondern trugen wesentlich zur jetzigen Form der Monografie bei. Für die Berechnungen hatte ich freien Zugang zum Computer Center der Universität Princeton, speziell zur IBM 7094. Schließlich gilt mein Dank Professor Wilhelm Weber, Dekan der rechts- und staatswissenschaftlichen Fakultät an der Universität Wien, der die ursprüngliche Fassung des Manuskriptes betreute und die Publikation veranlaßte. Professor Klaus

Rose, Universität Mainz, bin ich ebenfalls zu Dank verpflichtet, da er sich der Mühe unterzog, die erste Fassung des Manuskriptes zu lesen, und mir viele Verbesserungsvorschläge machte.

Princeton, im August 1968

Heinz A. Schleicher

Inhaltsverzeichnis

Einführung 9
Problemstellung 11

Erstes Kapitel

Wirtschaftliche Integration

A. Zum wirtschaftlichen Wohlstand 12
B. Bemerkungen zur Theorie der wirtschaftlichen Integration 14
    I. Zollunion 17
        1. Produktionswirkungen 17
        2. Konsumwirkungen 21
        3. Wohlstandswirkungen 23
    II. Gemeinsamer Markt 27
    III. Wirtschaftsunion 28
C. Zusammenfassung 28

Zweites Kapitel

Integration und Kapitalbewegungen

A. Kapitalbewegungen zwischen stationären Volkswirtschaften 30
    I. Bei Bedingungen des Erstbesten (Lerner-Samuelson-Theorem) .. 30
        1. Darstellung 35
        2. Kritik 41
            a) Unvollkommene Spezialisierung 41
            b) Zahl der Produktionsfaktoren 43
            c) Produktionsfunktionen 45
            d) Faktorsubstitution (strenge Faktorintensitäts-Annahme) .. 46
            e) Transportkosten 47
        3. Abschließende Bemerkungen 48
    II. Bei Bedingungen des Zweitbesten 48
        1. Effizienzbedingungen 50
            a) Heterogene Faktormärkte 50
            b) Preisinflexibilität 51
            c) Interne Effekte 52
            d) Externe Effekte 52

Inhaltsverzeichnis

2. Wirtschaftspolitische Bedingungen	53
a) Finanzpolitik	53
b) Redistributionspolitik	55
c) Konjunkturpolitik	56
d) Raumpolitik	57
III. Bei diskreten Veränderungen	57
B. Kapitalbewegungen zwischen teilweise evolutorischen Volkswirtschaften	58
I. Preiselastisches Faktorangebot	59
II. Direkte und indirekte Wachstumswirkungen	60
1. Direkte Wirkungen	62
2. Indirekte Wirkungen	63
C. Zusammenfassung	66
Appendix zu Kapitel 2: Strenge Faktorintensitäts-Annahme	67

Drittes Kapitel

Integration und Kapitalbildung

A. Ausgangspunkt	70
B. Wirtschaftsunion und Investitionen	71
I. Reallokation	71
II. Expansion	72
1. Investitionsneigung	72
2. Investitionsmöglichkeiten	74
C. Investition und Wachstum in offenen Volkswirtschaften	75
I. Im Harrod-Domar-Modell	76
II. In der Exportbasis-Theorie	77
III. In einem neoklassischen Wachstumsmodell	79
D. Zusammenfassung	83

Viertes Kapitel

Einige empirische Fakten

A. Durchführung der empirischen Untersuchung	84
I. Einschränkende Hinweise	84
II. Hinweise zur Genauigkeit der Daten	85
III. Einige Begriffe aus der Volkseinkommensrechnung	86
IV. Säkulare und faktische Investition in einem neoklassischen Wachstumsmodell	88
V. Wichtige Determinanten der Nettokapitalübertragungen	96
VI. Kapitalübertragungen und wirtschaftliches Wachstum	100
B. Abschließendes Urteil	102
Schlußwort	104
Bibliografie	105

Einführung

Kapitalbewegungen — als Teilgebiet der Wirtschaftstheorie — haben immer dann ein gewisses Interesse bei den Wirtschaftswissenschaftlern gefunden, wenn sie zum Problem der aktuellen Wirtschaftspolitik wurden. Ein Höhepunkt der theoretischen Analyse war in den dreißiger Jahren mit den Arbeiten Ohlins, Nurkses und Iversens erreicht. Mit den damals bekannten Mitteln ökonomischer Theorie stellten diese Autoren das Problem erschöpfend dar.

Nach dem Zweiten Weltkrieg lenkten internationale Hilfsleistungen besonders der Vereinigten Staaten von Amerika an europäische und asiatische Staaten und neuerdings die finanziellen Leistungen, die unter dem Stichwort: Entwicklungshilfe subsumiert werden können, den Forschergeist zahlreicher Nationalökonomen wieder auf dieses Problem. Moderne Integrationsprojekte in Europa, Südamerika und Afrika förderten dieses Interesse in bestimmter Weise. Autoren, die sich mit der Frage: Kapitalbewegungen und wirtschaftliche Integration befassen, sind besonders Meade und Lundstroem. Der Ausgangspunkt fast aller wirtschaftswissenschaftlichen Abhandlungen über Kapitalbewegungen, abgesehen von den Arbeiten Ohlins, Lundstroems und Meades, war immer das sekundär-theoretische Phänomen des Transfers; Kapitalbewegungen waren in erster Linie eine monetäre Angelegenheit. Der primäre Charakter des Kapitals als Produktionsfaktor wurde — wohl als Folge der „klassischen" Annahme der Faktorimmobilität zwischen Volkswirtschaften — vernachlässigt. Gerade dieser — unserer Meinung nach — grundlegende Gesichtspunkt einer Theorie der Kapitalbewegungen liegt der folgenden Untersuchung zugrunde. Dabei leistet die moderne Kapitaltheorie gute Dienste; die Anwendung dieses Zweiges der Nationalökonomie auf internationale Probleme ist als geschlossene Theorie leider noch nicht erarbeitet.

In dieser neuen Methode der Untersuchung eines alten Problems liegt auch die Rechtfertigung für die Wiederaufnahme des erweiterten Themenkreises, der z. B. von Nurkse in seinem Buch: Internationale Kapitalbewegungen erschöpfend dargestellt worden war. Ein weiterer spezieller Grund ist das Schattendasein der Theorie der Kapitalbewegungen in den Theorien wirtschaftlicher Integration; und gerade hier sind ja Faktorbewegungen ein wichtiger Bestandteil intensiverer Integrationsprojekte. Die einzige monografische Arbeit über Kapitalbewegungen zwischen integrierten Staaten ist unseres Wissens jene von Lundstroem, und sie ist eine eher wirtschaftspolitische Abhandlung. Die folgende begrenzte, dies auch im Sinne einer fast ausschließlich „realen" Behandlung des Problems, Untersuchung soll hier eine Lücke ausfüllen.

Problemstellung

Das Ziel einer jeden wirtschaftlichen Integration mehrerer Volkswirtschaften ist letzten endes die Erhöhung des Lebensstandards (= Wohlstands) der Mitglieder, sieht man von politischen Gesichtspunkten, die häufig eine Rolle spielen können, ab. Die wirtschaftliche Integration kann die Wohlstandsniveaus der Mitglieder und Nichtmitglieder auf mehrfache Weise beeinflussen: (1) Es werden mehr oder weniger, bzw. andere, Waren produziert (Produktionswirkungen); (2) es wird eine Änderung des Grades der Diskriminierung zwischen in- und ausländischen Waren eintreten (Konsumwirkungen); schließlich wird (3) eine Redistribution zwischen den Mitgliedern (und Nichtmitgliedern), und (4) innerhalb der Mitgliedländer (und Nichtmitgliedländer) eintreten. Die wirtschaftliche Integration hat also eine Realeinkommenskomponente und eine Verteilungskomponente. Neben diesen statischen Integrationswirkungen müssen mögliche dynamische Wachstumswirkungen beachtet werden. In dem I. Kapitel werden wichtige Gesichtspunkte einer Theorie der wirtschaftlichen Integration referiert. Im II. Kapitel zeigen wir die Notwendigkeit von Kapitalbewegungen für jedes weitergehende Integrationsprojekt. Die Entwicklung der Investitionstätigkeit in einem integrierten Wirtschaftsraum ist das Thema des III. Kapitels. Schließlich werden im IV. Kapitel verschiedene der aufgestellten Hypothesen anhand eines neoklassischen Wachstumsmodells mit einfachen Mitteln der Ökonometrie getestet.

Erstes Kapitel

Wirtschaftliche Integration

A. Zum wirtschaftlichen Wohlstand

Ob ein gegebener Zustand einer Volkswirtschaft vor Integration mehrerer Staaten zu einer Wirtschaftsunion den Wohlstand eines Mitgliedlandes, der gesamten Wirtschaftsunion oder der Welt überhaupt erhöht, läßt sich nur unter ganz bestimmten Annahmen entscheiden. In der Wohlstandsökonomik werden drei verschiedene Kriterien zur Entscheidung vorgeschlagen: das Kaldor-, Hicks-, und das Scitovsky-Kriterium.

Nach dem Kaldor-Kriterium ist Zustand A dem Zustand B vorzuziehen, wenn die Nutznießer der Zustandsänderung die Verlierer entschädigen können ohne den gewonnenen Nutzenzuwachs völlig einbüßen zu müssen. Das Hicks-Kriterium konstatiert, daß A dann besser als B ist, wenn die Verlierer aus der Zustandsänderung die Gewinner nicht mit Vorteil bestechen können es beim alten zu lassen. Scitovsky kombiniert nun beide Kriterien. Danach ist dann A wohlstandsökonomisch vorteilhafter als B, wenn die Nutznießer die Benachteiligten kompensieren können, und die Verlierer aber nicht im Stande sind die Gewinner umzustimmen es beim alten zu lassen.

Die drei genannten Entscheidungsregeln fordern nur die *Möglichkeit* eines Ausgleichs zwischen Gewinnern und Verlierern. Man kann sich aber auch auf den Standpunkt stellen, daß der Ausgleich stattfinden muß. Diese Ansicht scheint viel tunlicher zu sein als die erste, weil sie unter anderem auch alle Umstellungen in einer Wirtschaft, die durch die Änderung entsteht, berücksichtigt. Nach der Kalkulation der Umstellungskosten kann es sich oft erweisen, daß von dem Gewinn nach Umstellung dann nichts mehr übrig bleibt.

Schließlich könnte aber von den Gewinnern gefordert werden, die Verlierer nicht nur zu entschädigen, sondern ihnen auch den gleichen relativen Anteil am Volkseinkommen zu gewähren, den sie vor der Integration zu einer Wirtschaftsunion erhielten. Dies setzt klarerweise voraus, daß die Einkommensverteilung vorher optimal war. Die Einkommensstruktur, die der Vorstellung eines gesamtwirtschaftlichen Optimums entspricht, bliebe dann unverändert. Diese anspruchsvolle Inter-

A. Zum wirtschaftlichen Wohlstand

pretation einer Wohlstandsvermehrung liegt den folgenden theoretischen Ausführungen zugrunde.

Alle diese Entscheidungsregeln finden, wie leicht zu sehen ist, dauernde Anwendung in der Wirtschaftspolitik. Sie lassen sich deshalb als Faustregeln anwenden. Dahinter stehen jedoch alle jene theoretischen Überlegungen, die im Pareto-Optimum und darüber hinaus einem Wohlstandsoptimum impliziert sind: Wirtschaftliches Gleichgewicht bei vollkommenen Märkten, Gültigkeit des Gesetzes vom abnehmenden Ertragszuwachs, Substituierbarkeit, optimaler Produktionsstruktur, optimalem Handelsaustausch und vollständiger Markttransparenz, und schließlich optimaler Allokation individueller Nutzen nach einer gesamtwirtschaftlichen Wohlstandsfunktion. In der wirtschaftlichen Realität sind diese Idealbedingungen nicht vorhanden. Deshalb muß dieses Optimum des Erstbesten durch ein Optimum des Zweitbesten ersetzt werden. Allgemeine Aussagen über die Vorteilhaftigkeit eines Zustandes A gegenüber einem Zustand B lassen sich dann nicht mehr machen.

Zwei hauptsächliche Determinanten beeinflussen den Wohlstand sich integrierender Volkswirtschaften: die Entwicklung der Produktivität und die Entwicklung der Preise, d. h. die Entwicklung des Realeinkommens; es müssen dabei die Gewinne (und Verluste) aus der teilweisen und schließlich völligen Beseitigung der unionsinternen Zölle und der Neuerrichtung des gemeinsamen Außenzolltarifs beachtet werden. Weitere volkswirtschaftliche Gewinne und Verluste sind dann aus der zu erwartenden relativ zunehmenden Expansion der Unionsländer gegenüber den Nichtmitgliedern möglich.

Die stationären Gewinne bestehen aus den Gewinnen der Handelsvermehrung (positiver Produktionseffekt, d. h. zumindest teilweiser Übergang der Produktion eines Gutes von einem oder mehreren teueren Produzenten zum billigsten Produzenten) und den Wirkungen der positiven Konsumeffekte (überproportionale Substitution des relativ teureren Gutes durch das billigere, so daß mit einem gegebenen Einkommen mehr Güter und somit ein höheres Versorgungsniveau realisiert werden können). Umgekehrt entstehen die stationären Verluste aus der Handelsablenkung (Produktionsverlagerung vom billigsten Produzenten eines Gutes außerhalb der Union zum billigsten (zollgeschützten) Produzenten innerhalb der Wirtschaftsunion), und den negativen Konsumeffekten (Substitution eines bestimmten Gutes vom relativ billigeren zum relativ teuren (zollgeschützten) Produzenten innerhalb der Union.

Insoweit sind aber nur Einkommens- und Preiswirkungen berücksichtigt. Mit jeder Änderung der Produktionsvorgänge ist aber eine Verteilungswirkung verbunden, die Gruppen oder Länder begünstigt, andere benachteiligt. Im Falle der Integration sind es die importkonkurrierenden Güter und Industrien, die kontrahieren, und die Exportindustrien, sofern sie die billigsten Anbieter eines Gutes innerhalb der Wirtschaftsunion sind, werden expandieren. Um eine entgültige Aussage über die Wohlstandswirkungen eines Integrationsprojektes machen zu können, müßten Verteilungswirkungen und ihr Einfluß auf die soziale Wohlstandsfunktion berücksichtigt werden. Dazu wäre aber interpersoneller Nutzenvergleich vorauszusetzen, der nur innerhalb homogener Personengruppen, also bei gleichen Nutzenfunktionen, möglich ist. Trotz dieser Schwierigkeiten nehmen wir im weiteren an, daß Produktionszuwächse und (bzw.) Konsumzuwächse durch eine Neuordnung der Wirtschaft so verteilt werden können, daß die angenommene ursprüngliche (optimale) Einkommensverteilung erhalten bleibt[1].

B. Bemerkungen zur Theorie der wirtschaftlichen Integration

Der Grundgedanke einer Theorie der wirtschaftlichen Integration ist die angenommene (immanente) Tendenz, auch begrenzter regionaler Integration, zum Welt-Handelsoptimum und Welt-Produktionsmaximum. Die Maximierung der Produktion, d. h. nur Güterkombinationen entlang der Produktionsmöglichkeitenkurve bzw. der Produktionsmöglichkeitenoberfläche sind relevant, und die Optimierung des Handels, d. i. der Ausgleich des nationalen mit dem internationalen Preisniveau bei Produktionsmaximierung, sind also im Hinblick auf die optimale Befriedigung menschlicher Bedürfnisse „das" (theoretische) Endziel wirtschaftlicher Integration. Diesen Gedanken zugrunde liegen die beiden Theoreme von Samuelson: „Handel ist besser als kein Handel", und: „Beschränkter Handel ist besser als gar kein Handel." Erweiterte Beweise dieser beiden Theoreme finden sich bei M. C. Kemp[2]. Diese Ziele wirtschaftlicher Inte-

---

[1] Man sieht hier wie abstrakt die genannten Wohlstandskriterien sind. Kann mit gegebenen Ressourcen mehr produziert werden, wem sollte dieses Mehr gegeben werden? Würde diese relative Änderung nicht, um wieder Optimalität des Systems zu erreichen, zu einer völligen Veränderung der Produktionsprozesse und der Konsumschemata führen? Diese Adaption wäre aber mit solchen Umstellungskosten verbunden, daß das ursprüngliche Mehrprodukt mehr als aufgezehrt würde. Solche Überlegungen sind so nur bei relativ großen Produktionszunahmen und Umstellungen möglich. Streng genommen ist dann wiederum die Marginalanalyse nicht mehr anwendbar. Entweder man abstrahiert von solchen Reibungsverlusten, oder aber man argumentiert mit diskreten Werten. Vgl. zu diesen und anderen mit dem Pareto-Optimum verbundenen Problemen, O. *Morgenstern*, Pareto-Optimum and Economic Organization, in: Systeme und Methoden in den Wirtschafts- und Sozialwissenschaften, Erwin von Beckerath zum 75. Geburtstag, Tübingen 1964, S. 573 ff.

[2] M. C. *Kemp*, The Pure Theory of International Trade, Englewood Cliffs, N. J., 1964, S. 159 ff.

B. Bemerkungen zur Theorie der wirtschaftlichen Integration

gration können aber nach der heute bestehenden Theorie in Wirklichkeit, wenn überhaupt, so nur annäherungsweise erreicht werden. Fünf verschiedene, theoretisch relevante, Formen der wirtschaftlichen Integration sind denkbar[3]: (1) die Freihandelszone, (2) eine Zollunion, (3) ein gemeinsamer Markt, (4) eine Wirtschaftsunion und schließlich (5) die völlige wirtschaftliche Integration[4].

Die Beseitigung von Handelshemmnissen aller Art zwischen Mitgliedern der Freihandelszone bei autonomem Außenzolltarif (Freihandelszone), die Beseitigung der unionsinternen Zölle bei gemeinsamem Außenzolltarif für Güterimporte und exporte- (Zollunion), die zusätzliche Liberalisierung von Faktorbewegungen (gemeinsamer Markt) und die weitgehende Harmonisierung der Wirtschaftspolitik der Unionsmitglieder, wie: Konjunktur-, Fiskal-, Sozialpolitik (Wirtschaftsunion) können zur Handelserweiterung zwischen den integrierten Staaten, aber auch zu Handelsverzerrungen zwischen dem integrierten Gebiet und Drittländern führen[5].

Diese mehr statische Betrachtungsweise (Präferenzwirkung)[6] umfaßt nicht alle möglichen Auswirkungen einer Integration mehrerer Volkswirtschaften. Die Befürworter von Integrationsprojekten betonen besonders die Wachstumsaussichten solcher integrierter Volkswirtschaften (Wachstumswirkung). Hauptsächliche Determinanten für eine solche Wachstumswirkung können sein: die möglichen Kostenersparnisse durch Massenproduktion infolge des vergrößerten Marktes, der vermehrte Wettbewerb, die Azeleratorwirkungen, der vermehrte technische Fortschritt (exogen oder endogen) und abnehmendes Risiko und Unsicherheit. Es ist sowohl denkbar, daß diese Faktoren eine einmalige Verschiebung der Basis, aber auch eine Erhöhung der eigentlichen Wachstums-

---

[3] Standardwerke zur Theorie der wirtschaftlichen Integration sind: J. *Viner*, The Customs Union Issue, New York, 1950. J. E. *Meade*, Problems of Economic Union, Chicago, London, 1953. Derselbe, The Theory of Customs Unions, Amsterdam 1955. J. *Tinbergen*, International Economic Integration, Amsterdam 1954. T. *Scitovsky*, Economic Theory and Western European Economic Integration, Stanford, London, 1958. R. *Sannwald*, J. *Stohler*, Economic Integration, Princeton, 1959, deutsche Fassung, Wirtschaftliche Integration, Basel, 1958. P. *Erdmann*, P. *Rogge*, Die Europäische Wirtschaftsgemeinschaft und die Drittländer, Basel, 1960. B. *Balassa*, The Theory of Economic Integration, London 1961. P. *Streeten*, Problems of Economic Integration, Weltwirtschaftliches Archiv, 90 (1963 I), S. 276 ff. H. Ch. *Binswanger*, Allgemeine Theorie der Integration, Weltwirtschaftliches Archiv, 90 (1963 I), S. 317 ff.

[4] Vgl. B. *Balassa*, a.a.O., S. 1 ff. und J. E. *Meade*, Problems of Economic Union.

[5] Neuerdings kommt man immer mehr zu der Ansicht, daß auch das Recht, besonders das Gesellschaftsrecht, vereinheitlicht werden muß.

[6] Diese Termini verwendeten zum ersten Mal P. *Erdmann* und P. *Rogge*, a.a.O.

rate nach Harrod/Domar oder aber ein goldenes Zeitalter zur Folge haben.

Über den Umfang der internen Ersparnisse läßt sich schwer etwas aussagen, da dieser von den oft kulturell bestimmten wirtschaftlichen Präferenzschemata der Mitgliedländer wie auch von den nicht zollpolitischen aber steuerpolitischen und administrativen Maßnahmen beeinflußt wird. Interne Ersparnisse werden hier in rein statischem Sinne, also bei gegebenem Stand der Technik verstanden. Es werden also nur Produktionskoeffizienten einer gegebenen Produktionsfunktion berücksichtigt. Günstigere Input-output-Relationen, die mit Hilfe neuer Produktionsfunktionen erreicht werden, nennen wir technischen Fortschritt. Externe Ersparnisse bzw. externe Verluste sind dagegen alle diejenigen privatwirtschaftlichen Ersparnisse, die nicht von internen Ersparnissen herrühren[7].

Faßt man den Wettbewerb als aktuellen und potentiellen Zutritt neuer Anbieter bzw. Nachfrager in bestehende Märkte auf, so kann die Integration den Wettbewerb zumindest auf Einzelgebieten verstärken. Die bisherige Entwicklung der Europäischen Wirtschaftsgemeinschaft zeigt eine solche Entwicklung, wenn auch da und dort mittels Beteiligungen (Nicht-Leistungswettbewerb) an größeren und kleineren Anbietern bestimmte betriebliche Funktionen oder die Produktion überhaupt koordiniert werden, so z. B. in der Chemischen und Büromaschinen Industrie. Demgegenüber ist der zunehmende Wettbewerb besonders deutlich in der Automobilindustrie.

Mit Akzeleratorwirkungen sind hier Nachfrage- und Produktionswirkungen gemeint, die von bestimmten Schlüsselindustrien ausgehen und sich auf vor- und nachgelagerte Industrien weiterverbreiten (Dispersionseffekte). Diese Wirkungen wurden in der neoklassischen Außenhandelstheorie Ohlins, ja schon sehr viel früher, gesehen. Die Exportindustrien erhöhen normalerweise die Aktivitäten aller Zulieferbetriebe. Ein Paradebeispiel, das nicht integrationsbedingt ist, sind die Wirkungen des Fremdenverkehrsgewerbes in Staaten wie Österreich, Schweiz, Jugoslawien etc.[8].

---

[7] So definierte externe Ersparnisse können statisch, dynamisch und marktmäßig sein. Vgl. B. *Balassa*, a.a.O., S. 144 ff. Insbesondere fallen darunter Agglomerationsvorteile und Transporteinrichtungen aller Art. Besonders letztere sind oben gemeint; denn interne Ersparnisse werden ja meist statisch interpretiert.

[8] Die Diskussion über ausgeglichenes oder unausgeglichenes Wachstum trifft den Sachverhalt genau. Vgl. T. *Scitovsky*, Growth — Balanced or Unbalanced? In: The Allocation of Economic Resources, Essays in Honour of B. F. *Haley*, Stanford, 1959, S. 207 ff. P. *Streeten*, Unbalanced Growth, Oxford Economic Papers, N. S. 11 (1959), S. 167 ff. J. *Sheahan*, International Specialisation and the Concept of Balanced Growth, Quarterly Journal of Economics, 73 (1958), S. 197 u.a.m.

Erhöhter technischer Fortschritt als Folge eines Integrationsprojekts kann verschiedene Ursachen haben. Der größere Markt und die Vergrößerung des Umsatzes zusammen mit verstärktem Wettbewerb können die Forschungstätigkeit erhöhen. Gemeinsame Forschungsinstitute ergeben Ersparnisse in der kooperativen Forschungstätigkeit. Der vermehrte Warenaustausch und die freien Faktorbewegungen geben mehr Einblick in die gegenseitigen Forschungsmethoden. Schließlich ist mit zunehmender Aktivität der Exportindustrien oft eine verstärkte Investitionstätigkeit verbunden, so daß jeweils die neuesten Technologien realisiert werden können. Diese Art von technischem Fortschritt ist besonders wachstumsrelevant. Die Abnahme von Risiko und Unsicherheit wird hauptsächlich aus der zunehmenden Markttransparenz und der mehr oder weniger koordinierten Wirtschafts-, Finanz- und Geldpolitik resultieren.

I. Zollunion

Die Zollunion ist durch einen gemeinsamen Außenzolltarif und durch die völlige Beseitigung unionsinterner Zölle gekennzeichnet. Frei beweglich sind nur Konsumgüter, nicht Produktionsfaktoren. Dieser Idealtypus eignet sich gut für das Studium verschiedener Zollwirkungen bei einer Änderung der Zollhöhe. Zwei Möglichkeiten der Zollveränderungen sind dabei streng zu unterscheiden: (1) Übergang vom Freihandel (= 0-Zölle) zu partieller oder totaler Autarkie, oder (2) Reduzierung bzw. Erhöhung des Zolls, individuell oder infolge der Bildung einer Zollunion zwischen Volkswirtschaften. Obwohl in der ökonomischen Realität beide Möglichkeiten gegeben sind, behandelt die Literatur über wirtschaftliche Integration nur den zweiten Fall. Aus dem Studium dieses Typus einer Zollunion sind dann auch die Termini Handelsvermehrung (trade creation) und Handelsablenkung (trade diversion) entstanden; denn im Falle eins würde jeder Übergang vom Freihandel zur Zollunion, sofern die billigsten Produzenten nicht Mitglieder der Union sind, handelsablenkend wirken; und dies ist zumindest bei einigen Gütern, bei der gegebenen Vielzahl der international gehandelten Güter, möglich. Im folgenden gehen wir von der Annahme aus, daß die Errichtung der Zollunion von einem Zustand koexistierender Autarkien zu einem partiellen Freihandelsgebiet, eben der Zollunion führt.

Sechs Begriffe müssen dann genauer gefaßt werden: Handelsablenkung oder negative Produktionswirkung, Handelsvermehrung oder positive Produktionswirkung, positive und negative Konsumwirkungen.

1. Produktionswirkungen

Handelsvermehrung und Handelsablenkung lassen sich am besten anhand eines einfachen Beispiels erklären. Unsere Weltwirtschaft besteht aus drei Ländern I, II, III. Alle drei Volkswirtschaften produzieren ein und dasselbe homogene Gut. Land III produziert es am billigsten, Land I am teuersten und II mit Produktionskosten dazwischen. I und II schließen sich zu einer Wirtschaftsunion zusammen. Ihr gemeinsamer Außenzoll gegenüber III liegt zwischen ihren Zolltarifen unter Autarkie. Für die Entwicklung des Außenhandels von I gibt es dann drei Möglichkeiten: (1) die Eigenproduktion des Gutes wird eingeschränkt und mehr von III (wegen des niedrigeren gemeinsamen Außenzolls), oder aber von II (wegen der Zolldiskriminierung gegenüber III), oder von beiden importiert; (2) die Importe des Landes I von III können teilweise oder ganz von II befriedigt werden, wegen der neu errichteten Diskriminierung gegenüber III; (3) die Produktion in II steigt auf Kosten des billiger produzierbaren Gutes in III. (1) involviert Handelsvermehrung, (2) und (3) Handelsablenkung. Viner[9], der diese Termini in die Literatur einführte, versteht unter Handelsvermehrung den Übergang der Produktion eines Gutes von einem teureren auf einen billigeren Produzenten und unter Handelsablenkung das Gegenteil. Ob die Errichtung der Wirtschaftsunion handelsvermehrend oder handelsablenkend wirkt, hängt von der Nettowirkung ab. Drei theoretische Möglichkeiten einer handelsvermehrenden Zollunion lassen sich herleiten.

(1) Wenn der billigste Produzent ein Mitglied der Union wird. Dieser Fall ist gegeben, wenn Nichtmitglieder das Gut nicht produzieren. Dann wird der unionsinterne Zoll auf das Gut vom billigsten Anbieter beseitigt, und jedes Mitglied nimmt durch den internationalen Handel an der Kostenersparnis teil. (2) Ein zweiter Fall der Handelsvermehrung liegt vor, wenn die Zölle unter Autarkie prohibitiv waren; d. h. der um den Zoll erhöhte Importpreis war höher als der Inlandspreis des Importlandes. Unter solchen Bedingungen wird der billigere Produzent innerhalb der Union auf Kosten des teureren expandieren. Was Drittländer anbetrifft, so ist der gemeinsame Außentarif entweder weiterhin prohibitiv oder aber auch die Drittländer haben die Möglichkeit nun zum ersten Mal das Gut zu exportieren.

Bei konstanten Kosten ergibt sich ein Sonderfall. Ist der gemeinsame Außenzoll ebenfalls prohibitiv, so verändert sich nichts; ist er nicht prohibitiv, so darf das importierende Land entweder das Gut nicht produzieren oder aber die Produktionsreserven des exportierenden Landes werden schließlich erschöpft, nicht aber die Nachfrage im importierenden Land nach dem betreffenden Gut.

(3) Die dritte Möglichkeit der Handelsvermehrung schließt die beiden erstgenannten aus. Folgende Annahmen müssen gemacht werden: (3.1) der billigste Produzent ist das Drittland, (3.2) weder die Zölle unter

---

[9] J. *Viner*, The Customs Union Issue, New York, 1950, S. 41 ff.

B. Bemerkungen zur Theorie der wirtschaftlichen Integration

Autarkie noch der gemeinsame Außenzoll sind prohibitiv, (3.3) der gemeinsame Außentarif ist niedriger als der maximale Zoll unter Autarkie und höher als der minimale Zoll unter Autarkie, (3.4) vollkommene Märkte bei Geltung des Ertragsgesetzes. Unter diesen Annahmen läßt sich dann folgende Bedingung für Handelsvermehrung ableiten[10]: $S_i(p_i)$, für $i = I, \ldots, III$, sei die Angebotsfunktion des homogenen Guts in I, II und III. Das Gesamtangebot der drei Länder sei konstant. Es gilt dann: $\sum_{i=I}^{III} S_i(p_i) = k$. Das totale Differential also die Summe der marginalen Änderungen des Angebots ist: $\sum_{i=I}^{III} \frac{\partial S_i}{\partial p_i} dp_i = 0$. Die Preise haben folgende Eigenschaften: $p_I = p_{III}(1 + t_I)$ und $p_{II} = p_{III}(1 + t_{II})$ wobei t_i, für $i = I, II$, die Zölle unter Autarkie darstellen. Das totale Differential der Preise ergibt: $dp_I = (1 + t_I) dp_{III} + p_{III} dt_I$ und $dp_{II} = (1 + t_{II}) dp_{III} + p_{III} dt_{II}$. Durch Substitution der Preisdifferentiale in das Angebotsdifferential erhält man:

$$\frac{\partial S_I}{\partial p_I}[(1 + t_I) dp_{III} + p_{III} dt_I] + \frac{\partial S_{II}}{\partial p_{II}}[(1 + t_{II}) dp_{III} + p_{III} dt_{II}] + \frac{\partial S_{III}}{\partial p_{III}} dp_{III} = 0.$$

Die Lösung nach dp_{III} ergibt:

$$dp_{III} = \frac{-p_{III}\left(\frac{\partial S_I}{\partial p_I} dt_I + \frac{\partial S_{II}}{\partial p_{II}} dt_{II}\right)}{(1 + t_I)\frac{\partial S_I}{\partial p_I} + (1 + t_{II})\frac{\partial S_{II}}{\partial p_{II}} + \frac{\partial S_{III}}{\partial p_{III}}}.$$

Da die partiellen Ableitungen nach dem Preis im allgemeinen positiv sind, aber annahmegemäß $dt_I \leq 0$, und $dt_{II} \geq 0$, gilt für $dp_{III} > 0$:

$$\frac{\partial S_I}{\partial p_I} \bigg/ \frac{\partial S_{II}}{\partial p_{II}} > \frac{dt_{II}}{dt_I} = \frac{\tau - t_{II}}{t_I - \tau}.$$

Wenn t_i der Zolltarif unter Autarkie und der gemeinsame Außenzolltarif τ ist, dann gilt $dt_I = t_I - \tau$ und $dt_{II} = \tau - t_{II}$. Die abgeleitete Bedingung sagt also, daß das Verhältnis der Steigungen der Angebotskurven größer als das Verhältnis der Zolländerungen sein muß. Dies wird sofort intuitiv verständlich, wenn man bedenkt, daß die Reduktion der Produktion des teureren Gutes in I größer sein muß als die Zunahme der Produktion desselben Gutes in II, damit eine Restproduktion (Annahme: konstante Gesamtproduktion vor und nach der Integration), d. h. eine Zunahme der Produktion, in III stattfinden kann. Da steigende Kosten angenommen werden, muß diese Mehrproduktion zu einer Preis-

---

[10] Vgl. J. *Spraos*, The Condition of a Trade-Creating Customs Union, The Economic Journal, 74 (1964), S. 101 ff.

steigerung in III ($dp_{III} \gelq 0$) führen. Dieser Gedankengang liegt also der vorausgegangenen Ableitung einer Bedingung für Handelsvermehrung in einem Drei-Länder-Modell zugrunde.

Wie leicht gezeigt werden kann ist diese Bedingung notwendig und hinreichend. Um das zu beweisen muß die Veränderung im Wert der Weltressourcen (dR) formuliert werden: $dR = \sum_{i=I}^{III} p_i dS_i$, oder wegen $p_i = p_{III}(1+t_i)$, $dR = p_{III}(1+t_I)dS_I + p_{III}(1+t_{II})dS_{II} + p_{III}dS_{III}$. Wegen $\sum_{i=I}^{III} dS_i = 0$ und daher $dS_{III} = -dS_I - dS_{II}$ gilt: $dR = p_{III}t_I dS_I + p_{III}t_{II}dS_{II}$.

Wegen der Identität: $t_I + dt_I = \tau = t_{II} + dt_{II}$, d. h. nach Integration herrscht der gemeinsame Außenzoll τ.

Für sehr kleine Veränderungen von t_i darf man dt_i vernachlässigen. Deshalb gilt $dR = p_{III}\tau(dS_I + dS_{II})$, und deshalb:

$$dR = -p_{III}\tau dS_{III} = -p_{III}\tau \frac{\partial S_{III}}{\partial p_{III}}dp_{III}.$$

Der Wert der Produktionsfaktoren wird umgekehrt proportional der Veränderung von p_{III} sein, d. h. infolge der Integration werden für dasselbe konstant gebliebene Gesamtangebot weniger Produktionsfaktoren benötigt.

Für den mehr-Länder-mehr-Güter-Fall gilt folgendes:

$$\sum_i S_i^k(p_i^k) = k^k \text{ wobei: } i = 1, \ldots, n$$
$$k = 1, \ldots, m,$$

d. h. das Gesamtangebot an m Gütern in den n Ländern bleibt annahmegemäß konstant.

Diese Beziehung gilt für alle k Güter. Differentiation ergibt:

$$\sum_i \frac{\partial[S_i^k(p_i^k)]}{\partial p_i^k}dp_i^k = 0. \text{ Ebenso gelten wieder für die}$$

totalen Differentiale der Preise:

$$dp_i^k = dp_j^k(1+t_i^{jk}) + p_j^k dt_i^{jk}$$

wobei Land j das Gut k am billigsten produziert. Oben eingesetzt ergibt:

$$\sum_{i \neq j} \frac{\partial[S_i^k(p_i^k)]}{\partial p_i^k}[dp_j^k(1+t_i^{jk}) + p_j^k dt_i^{jk}] + \frac{\partial[S_j^k(p_j^k)]}{\partial p_j^k}dp_j^k = 0,$$

oder aufgelöst nach dp_j^k, also der Preisveränderung des Gutes k im unionsexternen Land j:

$$dp_j^k = \frac{-p_j^k \sum_{i \neq j} \frac{\partial [S_i^k(p_i^k)]}{\partial p_i^k} dt_i^{jk}}{\sum_{i \neq j} \frac{\partial [S_i^k(p_i^k)]}{\partial p_i^k}(1+t_i^{jk}) + \frac{\partial [S_j^k(p_j^k)]}{\partial p_j^k}}$$

dt_i^{jk} ist jetzt eine Zollmatrix für n-Länder und m-Güter, wobei Land j das Gut k am billigsten produziert, d. h. $dt_j^{jk} = 0$.

Für Handelsvermehrung muß folgende Bedingung erfüllt sein:

$$\sum_{i \neq j} \frac{\partial [S_i^k(p_i^k)]}{\partial p_i^k} dt_i^{jk} < 0.$$

Hinter dieser Bedingung verbirgt sich eine komplizierte Struktur von Angebotsfunktionen und Zollsenkungen bzw. Zollerhöhungen. Intuitiv versteht man sofort, daß die Formierung der Zollunion eine positive Netto-Importwirkung haben muß um handelsvermehrend zu sein. Annahmegemäß war ja der billigste Hersteller eines Guts ein Drittland.

Für die Bedingungen zweiter Ordnung gilt nun; sieht man wieder von den Zollveränderungen ab:

$$dR = p_j^k \tau^k \sum_k \sum_{i \neq j} dS_i^k \text{ oder,}$$

$$dR = -p_j^k \tau^k \sum_k \sum_{j \neq i} dS_j^k = -p_j^k \tau^k \sum_k \sum_{j \neq i} \frac{\partial S_j^k}{\partial p_j^k} dp_j^k,$$

bzw. wenn ein Land nur ein Gut am billigsten produzieren kann:

$$dR = -p_j^k \tau^k \sum_k dS_j^k.$$

Unter den angegebenen Bedingungen führt also auch im mehr-Länder-mehr-Güter-Fall die Zollunion zu einer effizienten Produktion.

2. Konsumwirkungen

Bisher wurden nur die Termini Handelsvermehrung und Handelsablenkung erklärt, d. h. die Konsumschemata der Wirtschaftssubjekte innerhalb und außerhalb der Union blieben gleich. Diese Annahme ist zumindest theoretisch unzureichend. Die Produktionswirkungen werden normalerweise auch eine Veränderung der relativen Preise zur Folge haben und damit auch der Nachfragestruktur. Es entstehen Substitutionswirkungen, also Konsumeffekte. Eine positive Konsumwirkung liegt dann vor, wenn ein Verbraucher von einem relativ teureren zu einem relativ billigeren Gut übergeht, so daß mit derselben Ausgabe nach Integration mehr Güter als vor Integration gekauft werden können und er somit ein höheres Versorgungsniveau erreicht. Als einfaches Ausgangsmodell dient wieder ein Dreiländer-Modell mit zwei Gütern. Land I produziert Gut eins, die Länder II und III produzieren Gut zwei. Vor der Integration mit Land II produzierte Land I Gut eins und importierte Gut zwei von Land III. Nach Integration von I und II haben beide Länder einen gemeinsamen Außentarif gegenüber drei.

Wieder gibt es drei Möglichkeiten für Güterbewegungen nach der Integration. (1) Der Konsum des heimischen Gutes wird eingeschränkt und mehr von Gut zwei aus Land III importiert. (2) Die vermehrten Importe des relativ billigeren Gutes zwei können teilweise aus II befriedigt werden, wegen der Diskriminierung gegen III. (3) Der gesamte Konsum von Gut zwei wird aus II importiert. Der erste Fall entspricht einer positiven Konsumwirkung, (2) und (3) negativen Konsumwirkungen.

Wird der billigste Produzent Mitglied der Union, so verändert sich bei einem 0-Zoll vor Integration nichts, bei einem positiven Zoll vor Integration tritt eine positive Konsumwirkung ein. Weiter werden aus der Zollunion positive Konsumwirkungen resultieren, wenn der Zoll vor Integration prohibitiv war. Land I konnte dann nur das im Inland produzierte Gut konsumieren. Nach Integration gibt es jedenfalls zwei Güter, die konsumiert werden können. Dabei hat sich das relative Preisverhältnis verändert, und damit der relative Verbrauch der beiden Güter. Wahrscheinlich, das hängt von der jeweiligen Präferenzstruktur ab, erhöht sich der Konsum des billigeren Gutes.

Für Drittländer gibt es wiederum zwei Möglichkeiten. Der gemeinsame Außenzoll bleibt prohibitiv, oder aber das Gut wird zum ersten Mal aus dem Drittland importiert. Schließlich kann der billigste Anbieter im Drittland produzieren. Bei einer positiven Konsumwirkung muß wiederum, steigende Kosten vorausgesetzt, der Preis des Gutes zwei in Land III steigen; denn Gut eins in I wurde relativ teurer: dies hat Substitutionswirkungen zugunsten von Gut zwei zur Folge. Nun muß die Reduktion des Wertes des Konsums von Gut eins größer sein als die Zunahme des Wertes des Konsums von Gut zwei aus II, damit das billigere Gut zwei aus Land III importiert werden kann. Es muß also mit demselben Ausgabenbudget wegen der relativen Preisverschiebungen ein höheres Versorgungsniveau erreicht werden[11]. In den ein-

---

[11] Dasselbe Kriterium könnte auch anders formuliert werden. Bei konstanter Produktion, also einem Produktionseffekt von Null, können durch die Veränderung der relativen Preise Konsumwirkungen eintreten.

gangs eingeführten Wohlfahrts-Termini bedeutet das, daß für ein konstantes Ausgabenniveau mehr Güter verfügbar sind, die dann wohlstandssteigernd neu verteilt werden können, so daß jedes Wirtschaftssubjekt mindestens gleich und eines wenigstens besser gestellt ist als vor Integration.

Bisher wurden Wohlstandswirkungen nicht explizit im Zusammenhang mit einem Integrationsprojekt behandelt. Im folgenden Abschnitt soll dies, ausgehend von den eingangs aufgestellten Bemerkungen zur wirtschaftlichen Wohlfahrt, nachgeholt werden.

3. Wohlstandswirkungen

Es liegt nahe, Handelsvermehrung oder positive Produktionswirkungen und positive Konsumwirkungen mit: wohlstandssteigernd für das betreffende Land, die Zollunion insgesamt und die gesamte Welt gleichzusetzen; Handelsablenkung und negative Konsumwirkungen dagegen als wohlstandsmindernd, zumindest für Drittländer und, möglicherweise, für die Welt insgesamt. Als wohlstandssteigerndes Kriterium würde die Verfügbarkeit über insgesamt mehr Güter nach Errichtung der Union als zuvor gelten. Die Zusammenhänge sind, abgesehen von den einleitend erwähnten Schwierigkeiten der Wohlstandsmessung, subtiler. Grundsätzlich sind bei Aussagen über Wohlstandswirkungen (allgemein und) einer Integration mehrerer Volkswirtschaften zu einer Zollunion Produktions- und Verteilungswirkungen zu berücksichtigen. Ein Mehr an Produktion bei gegebenem Vorrat an Produktionsfaktoren bedeutet nicht notwendigerweise ein Mehr an Wohlstand für ein Land, die Union oder die gesamte Welt. Mit der Mehrproduktion kann eine Umverteilung vorgenommen werden, die so sehr wohlstandsmindernd wirkt, daß die Nettowirkung negativ wird. Wie eingangs erwähnt, schließen wir diese Wirkung aus und nehmen an, daß jede Mehrproduktion so eingerichtet werden kann, daß jedes Wirtschaftssubjekt ein Mehr an jenen Gütern bekommt, die für es eine Wohlstandssteigerung bewirken. Humphrey und Ferguson[12] unterscheiden im Zusammenhang mit der Integration mehrerer Staaten zu einer Zollunion zwischen vier verschiedenen Wohlstandswirkungen: den Konsum-, Produktions-, Einnahmen- und Verteilungswirkungen, wobei sich Einnahmen und Verteilung dieser Einnahmen auf Zolleinnahmen beziehen.

Bei der Verteilung des (potentiellen) Zuwachses der Weltwohlfahrt zwischen Mitgliedern und Nichtmitgliedern ergibt sich wahrscheinlich folgendes: Der Gewinn aus dem vermehrten Handel innerhalb der

---

[12] D. D. *Humphrey* and Ch. E. *Ferguson*, The Domestic and World Benefits of a Customs Union, Economia Internazionale, 8 (1960), S. 197 ff. T. *Scitovsky*, a.a.O., S. 60.

Union fällt vollständig den Unionsmitgliedern zu, sieht man von Veränderungen der terms of trade zugunsten der Drittländer ab, während der Verlust aus Handelsablenkung zwischen Mitgliedern und Nichtmitgliedern gemeinsam getragen werden kann. Sekundärgewinne via Außenhandelsmultiplikator können auch Drittländern zugutekommen. Es ist also möglich, daß die Union einen Gewinn erhält, während die Drittländer oder die Welt als Ganzes einen Verlust hinnehmen müssen. Wichtige Determinanten möglicher Gewinne und Verluste an Wohlfahrt aus der Handelsvermehrung und der Handelsablenkung sind folgende (ohne Berücksichtigung der Wachstumswirkung): Die Neigungen der Angebots- und Nachfragekurven, Komplementarität und Substitutionalität, Unterschiede in den Produktionskosten, Größe der Wirtschaftsunion, Höhe der Zölle, die geografische Lage und die Transportkosten[13].

Folgende theoretischen Aussagen lassen sich machen: (1) der Gewinn aus der Handelsvermehrung in einem Mitgliedland ist um so größer, je geringer die Neigung der Angebotsfunktion in bezug auf Inlandgüter ist, je stärker sich also die inländische Produktion, nach der Beseitigung der Handelsschranken, vermindert. Anderseits, je höher die Neigung der Angebotsfunktion im dritten Land in bezug auf die Exportgüter ist, desto mehr nehmen die Importe aus diesem Land ab, und desto größer ist der Verlust aus der Handelsablenkung. Umgekehrt, je größer die Neigung der Nachfragefunktion in bezug auf Importgüter in beiden Ländern, desto größer ist der Verlust aus der Handelsablenkung.

Es muß jedoch beachtet werden, daß nicht jede Handelsablenkung und negative Produktionswirkungen wohlstandsmindernd für jedes Land wirken. Das geht aus einem Beispiel Lipseys[14] hervor. Unsere Weltwirtschaft besteht wieder aus drei Volkswirtschaften I, II und III. Wir betrachten nur die Wohlstandswirkungen aus der Integration in einem Land (I). I ist ein kleines Land, dessen Bewohner zwei Güter, Weizen und Kleidung, produzieren. I spezialisiert sich auf die Produktion von Weizen und erhält Kleidung im Wege des internationalen Handels. III bietet Kleidung zu einem niedrigeren Preis als II an, so daß bei Freihandel I mit III Weizen gegen Kleidung handelt. I erhebt einen nichtprohibitiven Zoll auf Kleidung. I und II integrieren sich zu einer Zollunion; II tritt an die Stelle von III als Anbieter von Kleidung. II produziert zu höheren Produktionskosten als III, doch ist der Preis für Kleidung in II niedriger als der um den Importzoll vermehrte Preis von III. Es ist also ein Fall der Handelsablenkung oder eine negative Produktionswirkung gegeben.

---
[13] B. *Balassa*, a.a.O., S. 29 ff.; ebenso J. E. *Meade*, Trade and Welfare, a.a.O., S. 527 f.; ebenso J. *Viner*, a.a.O., S. 51 f.
[14] R. G. *Lipsey*, The Theory of Customs Unions: Trade Diversion and Welfare, Economica, Vol. 24 (1957), S. 40 ff.

Figur 1 illustriert Wirtschaft I.

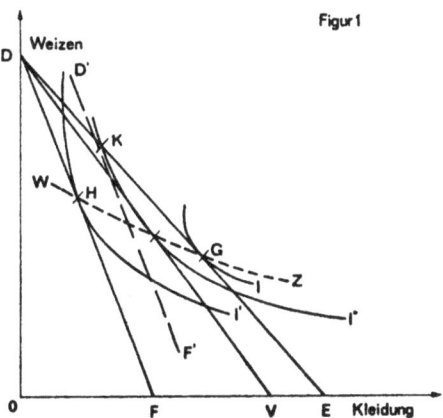

OD mißt die Weizenproduktion von Land I. Das Preisverhältnis von Weizen und Kleidung entspricht DE. Das Freihandelsgleichgewicht ist im Punkt G erreicht. I erhebt nun einen Zoll von EF/OF % auf die Kleidungsimporte aus III. Würden die Zolleinnahmen gehortet, so wäre Punkt H der neue Gleichgewichtspunkt. Werden die Zolleinnahmen wiederum verteilt, so ergibt sich das neue Gleichgewicht in K; d. h. wir nehmen an, daß die Zollredistribution nur einen Einkommenseffekt zur Folge hat. Der Punkt K ist dann bestimmt durch die Tangente mit der Steigung DF an eine Indifferenzkurve I" auf DE; denn DE bildet die Budgetbeschränkung, die selbst bei Freihandel nicht überschritten werden kann. Der Zoll hat die erwartete Wirkung einer Reduktion der Kleidungsimporte und eines Mehrkonsums an heimischem Weizen. Wenn nun I mit II eine Zollunion bildet, so muß das neue Preisverhältnis zwischen DE und DF liegen. Dies entspricht den eingangs gemachten Annahmen. Da nun auf Kleidungsimporte aus II kein Zoll erhoben wird, muß der neue Gleichgewichtspunkt auf der Preis-Konsumlinie WHGZ liegen. WHGZ gewinnt man durch die Verbindung aller optimalen Konsumpunkte bei gegebenem Indifferenzkurvensystem. Die neue Preisgerade DV gibt nun das Preisverhältnis an, bei dem der Wohlstand konstant und ebenso groß wie in K ist. Trotz Handelsablenkung liegt eine Wohlstandssteigerung vor. Ist das Austauschverhältnis besser als in DV, d. h. liegt die neue Preisgerade zwischen DV und DE so ergibt sich aus der Handelsablenkung eine Wohlstandssteigerung, weil I eine höhere Indifferenzkurve als zuvor erreicht. I kann also vom Beitritt zu einer Wirtschaftsunion gewinnen, die eine Handelsablenkung vom billigeren zum teureren Produzenten bewirkt.

Zwei wichtige Faktoren charakterisieren das Beispiel: (1) I geht von einem billigeren zu einem teureren Produzenten über. (2) Nationale und internationale Preise werden angeglichen; das bedeutet, daß die Konsumenten ihre Käufe an die neuen relativen Preisverhältnisse anpassen müssen und somit möglicherweise Veränderungen in den Versorgungsniveaus eintreten. Die endgültige Wohlstandswirkung einer handelsablenkenden Zollunion ist somit der Saldo aus den beiden gegensätzlichen Wirkungen. Für mehrere Länder gilt ebenfalls ein Saldo der Wohlstandswirkungen. Ein bestimmtes internationales Preisverhältnis kann nun in einem Land eine Wohlstandssteigerung, in einem anderen eine Wohlstandsverminderung bedeuten.

Ein nicht unrealistischer Fall ist dann gegeben, wenn II und III große Länder im Vergleich zu I sind. Dann verändert sich die Produktion in II und III nach der Integration und damit der Wohlstand in II und III so geringfügig, daß der gesamte Wohlstandsgewinn dem Land I zufällt.

Ebenso wird (1) die Zollunion insgesamt eher eine Wohlstandssteigerung erfahren, je niedriger das Außenhandelsvolumen seiner Mitglieder im Vergleich zum Bruttonationalprodukt ist; denn die Käufe von Importgütern sind dann relativ niedrig und damit verbundene Wohlstandswirkungen relativ unbedeutend[15].

(2) Komplementarität zwischen den Gütern zweier Unionsstaaten erhöht dann die Wohlfahrt, wenn beide Länder die Ware schon vor Errichtung der Union mit hohen Kostenunterschieden produzierten; sie mindert die Wohlfahrt, wenn nur ein Produzent innerhalb des integrierten Gebietes herstellt, der zweite ein Drittland ist, und die Union dann den mit niedrigeren Kosten produzierenden Anbieter ausschließt (negative Produktionswirkung). Komplementarität zwischen Mitgliedern und Nichtmitgliedern wird dagegen zu einer geringeren Abnahme des Handels führen (Konsumwirkungen). Je größer die Kostenunterschiede bei gleichartigen (im Wettbewerb stehenden Industriezweigen in den Unionsstaaten sind, desto größer ist der Gewinn aus der Integration (siehe jedoch S. 17—21). Ferner, je bessere Substitute die Waren der Mitglieder sind und je größer die Preisunterschiede dieser Substitute sind, desto größer werden die Zunahme des Handels und die positiven Konsumwirkungen.

(3) Je intensiver der Handelsverkehr zwischen den Unionsstaaten ist, um so wahrscheinlicher ist es, daß die Netto-Konsumwirkungen positiv sind; je geringer die Handelsverflechtung der Unionsmitglieder vor Errichtung der Union mit dritten Staaten ist, um so kleiner ist die Möglichkeit negativer Konsumwirkungen.

(4) Die Höhe des Zollniveaus kann die Wohlfahrt auf verschiedene Weise beeinflussen: (4.1) Die Produktionswirkungen werden um so vor-

---

[15] Vgl. R. G. *Lipsey*, The Theory of Customs Unions, A General Survey, The Economic Journal, Vol. 70 (1960), S. 508.

teilhafter sein, je höher das Durchschnittsniveau der Tarife zwischen den Unionsstaaten vor Errichtung der Wirtschaftsunion war; (4.2) je niedriger das Zollniveau der Union gegenüber dritten Ländern ist; (4.3) je niedriger das Zollniveau auf Exportmärkten von dritten Ländern ist.

(5) Für die geographische Lage und die Transportkosten gilt: je kürzer die ökonomische Entfernung zwischen zwei Unionsländern ist, um so größer sind die Möglichkeiten des wirtschaftlichen Verkehrs unter ihnen, und um so größer sind die Vorteile für die Weltwohlfahrt.

II. Gemeinsamer Markt

Bisher waren nur Güterbewegungen erlaubt. Faktorbewegungen und gemeinsame Wirtschaftspolitik waren nicht störend. Die Errichtung bzw. Verminderung oder Beseitigung von Zollschranken hatte Wirkungen auf Umfang und Art der Produktion, des Konsums, und damit verbunden, den Wohlstand eines Landes, der Zollunion und der gesamten Welt. Das Ideal des Freihandels, d. h. die Gleichheit der Grenzkosten-, Grenzwertprodukt- und Preisverhältnisse aller Güter wurde teilweise, d. h. für alle Güter, die innerhalb der neugegründeten Zollunion gehandelt werden, ausgeglichen; dieselben Relationen wurden aber zwischen der Union und der übrigen Welt positiv oder negativ verändert, d. h. die numerischen Unterschiede zwischen diesen Verhältnissen in der Zollunion und der übrigen Welt wurden kleiner oder größer. Richtung und Umfang dieser Veränderung hängen von der Art der produzierten Güter, den Zollhöhen vor und nach der Integration und den Produktionskosten ab. Sind die billigsten Produzenten bestimmter Güter Drittländer, und einige Unionsmitglieder haben diese Güter vorher zollfrei oder mit Zöllen niedriger als der neue gemeinsame Außenzoll, importiert, so vergrößern sich die Unterschiede zwischen den Relationen; dies muß nicht unbedingt einer Wohlstandsminderung entsprechen, wie in B. I. 3 ausgeführt wurde.

Zur Maximierung der Weltproduktion ist jedoch, nach Optimierung des Handels, ein weiterer Schritt notwendig. Identische Preisverhältnisse, und nur diese impliziert Freihandel mit freien Güterbewegungen, garantieren nicht gleiche Faktorpreisverhältnisse, relativ und absolut. Intuitiv versteht man das sofort, wenn man verschiedene Produktionsfunktionen zur Produktion ein und desselben Gutes in verschiedenen Ländern annimmt. Das Endprodukt, nämlich das gemeinsame Wertgrenzprodukt, kann dasselbe sein, die verwendeten Faktorproportionen jedoch verschieden. Damit sind aber unterschiedliche Faktorpreise und ebenso unterschiedliche Faktorpreisverhältnisse möglich. Ex definitione ist dann das Weltproduktionsmaximum oder das regionale Unions-Produktionsmaximum nicht erreicht; denn die Faktoren werden nicht dort eingesetzt, wo sie den höchsten Ertrag liefern. Freihandel muß deshalb auch auf freie Faktorbewegungen neben den freien Güterbewegungen ausgedehnt werden.

Die Integration mehrerer Länder zu einer Union, die neben den freien Güterbewegungen auch freie Faktorbewegungen garantiert, nennt man gemeinsamen Markt. Freie Faktorbewegungen von Arbeit, Kapital und unternehmerischen Fähigkeiten führen dann, abgesehen von möglichen Transportkosten und damit gewissen so bedingten Margen zwischen den nationalen Faktorpreisen, zum Ausgleich auch dieser Preise. Neben dem Handelsoptimum ist dann auch das absolute Produktionsmaximum erreicht. Kein Produktionsfaktor findet mehr einen Anreiz wegen einer höheren Entlohnung zu wandern.

III. Wirtschaftsunion

Die freie Beweglichkeit von Gütern und Faktoren garantieren aber noch kein Wohlstandsoptimum — im Gegensatz zum Handelsoptimum und Produktionsmaximum für einen gemeinsamen Markt und die übrige Welt. Um dieses anzunähern, müssen auch eine gemeinsame Wirtschafts-, Finanz- und Sozialpolitik (und eine weitgehende Vereinheitlichung des Gesellschaftsrechts) hinzukommen. Es ist nicht beabsichtigt hier in extenso auf diese Vereinheitlichung auf den einzelnen Gebieten einzugehen. So weit dies für diese Untersuchung von Bedeutung ist, werden diese in Kapitel III behandelt. Einige generelle Bemerkungen sind jedoch angebracht.

Die Abschaffung von Zöllen kann durch steuerliche und administrative Diskriminierung so gut wie aufgehoben werden. Die Freiheit der Faktorbewegungen setzt deshalb eine gleiche steuerliche Behandlung voraus. Dasselbe gilt für Sozialabgaben. Unterschiedliche Geld- und Finanzpolitik können die Faktorpreise, so ganz besonders den Zins, beeinflussen. Die echte Faktorproduktivität, die das ökonomische Stimulans für Faktorbewegungen sein muß, wird so nicht wirksam als Instrument des Marktmechanismus. Voraussetzung für eine wohlstandssteigernde Integration mehrerer Staaten ist deshalb ein hoher Grad der Gemeinsamkeit in Wirtschafts-, Finanz- und Sozialpolitik.

C. Zusammenfassung

Die Theorie der wirtschaftlichen Integration will die theoretische Fundierung für eine wirtschaftspolitische partielle Annäherung zu einer vollintegrierten Weltwirtschaft als Endziel darstellen, die dann ein Weltwohlstandsoptimum repräsentieren würde. Verschiedene Stufen der In-

C. Zusammenfassung

tegration: Zollunion, gemeinsamer Markt und Wirtschaftsunion sind verschiedene Formen der Integration. In einer groben Annäherung wird die Wohlstandssteigerung der Unionsmitglieder um so größer sein, eine je intensivere Form der Integration sie wählen. Die Wirtschaftsunion stellt dabei die höchst entwickelte Stufe wirtschaftlicher Integration bei noch weitgehender nationaler Souveränität auf nicht wirtschaftlichen Gebieten dar. Die Wohlstandsentwicklung aus einer Integration für Nationen, die Union und die gesamte Welt ist kontrovers. Trotzdem lassen sich, bei Adaption eines genau definierten Wohlstandsindex, gewisse klare Aussagen über eine daraus resultierende Wohlstandsveränderung machen.

Zweites Kapitel

Integration und Kapitalbewegungen

Da diese Arbeit Kapitalbewegungen zwischen Mitgliedern einer Wirtschaftsunion zum Thema hat, und ja das Ziel jeder wirtschaftlichen Integration die Erhöhung zumindest des Wohlstandes der Mitglieder ist, müssen jetzt die Wohlstandswirkungen solcher Kapitalbewegungen in einer Wirtschaftsunion untersucht werden. Wie schon in Kapitel I, B. II angedeutet, ist anzunehmen, daß Kapitalbewegungen innerhalb eines jeden integrierten Raums, besonders aber bei einer höheren Form der Integration, den Wohlstand der Mitglieder und damit den Wohlstand des gesamten integrierten Gebietes erhöhen. Diese Hypothese muß jedoch, wie zu zeigen ist, eingeschränkt werden.

A. Kapitalbewegungen zwischen stationären Volkswirtschaften

I. Bei Bedingungen des Erstbesten (Lerner-Samuelson-Theorem)

Das Ziel jeder, auch begrenzten, tendenziellen Einführung des Freihandels ist primär die Maximierung der Weltproduktion und die Optimierung des Welthandels, explizit oder implizit. Diese Termini enthalten die Quintessenz neoklassischer Theorie des Außenhandels. Wieder ein einfaches Beispiel mag einige Implikationen erklären.

Angenommen die Welt bestehe aus zwei Ländern oder Blöcken. Unter Autarkie herrscht dann in jedem der beiden Länder ein bestimmtes Preisniveau vor, bei dem die Produktion mit den vorhandenen Ressourcen maximiert und der interne Handel optimiert ist; d. h. es sind Pareto-optimale Bedingungen in Produktion, Handel und Verteilung gegeben: (1) vollkommene Konkurrenz auf allen Märkten; (2) vollkommene Beweglichkeit der Preise; (3) konstante Erträge bei Multiplikation der Einsatzverhältnisse; (4) keine Unterschiede zwischen privatem und volkswirtschaftlichem Grenzprodukt; und (5) keine störende Wirtschafts,- Finanz- und Sozialpolitik. Jedes Land produziere die Güter x_1 und x_2 zu den Preisen p_1 und p_2. Die Reserven an Produktionsfaktoren seien durch q^0 gegeben. Nach der Lagrange-Methode läßt sich dann folgende Funktion ableiten, d. h. wir maximieren den Umsatz W unter der Nebenbedingung einer gegebenen Ausstattung mit Produktionsfaktoren:

$$W = p_1 x_1 + p_2 x_2 + \lambda [q^0 - h(x_1, x_2)].$$

A. Kapitalbewegungen zwischen stationären Volkswirtschaften

Die Maximierung von W gibt:

$$\frac{\partial W}{\partial x_1} = p_1 - \lambda h_1 = 0$$

$$\frac{\partial W}{\partial x_2} = p_2 - \lambda h_2 = 0$$

$$\frac{\partial W}{\partial \lambda} = q^0 - h(x_1, x_2) = 0.$$

h_1 und h_2 sind die partiellen Ableitungen, oder die Grenzkosten von x_1 bzw. x_2. Die Auflösung der Gleichungen nach p_1 und p_2 und Division ergibt die bekannten Maximierungsbedingungen:

$$\frac{p_1}{p_2} = \frac{h_1}{h_2} \text{ oder } \frac{p_1}{h_1} = \frac{p_2}{h_2} = \lambda.$$

Das Verhältnis der Preise zweier Güter x_1 und x_2 muß gleich dem Verhältnis ihrer Grenzkosten, ausgedrückt in Einheiten des Faktors q sein. Dies muß für alle Güterpreisverhältnisse gelten.

Ein Produktionsmaximum ist jedoch nur dann erreicht, wenn auch die Bedingungen zweiter Ordnung erfüllt sind. Für ein Maximum bei Nebenbedingungen gilt, daß die jeweilige Hessesche Determinante größer als Null ist:

$$\begin{vmatrix} -\lambda h_{11} & -\lambda h_{12} & -h_1 \\ -\lambda h_{21} & -\lambda h_{22} & -h_2 \\ -h_1 & -h_2 & 0 \end{vmatrix} > 0.$$

Die Expansion dieser Determinante ergibt:

$$\lambda(h_{11} h_2^2 - 2 h_{12} h_1 h_2 + h_{22} h_1^2) > 0.$$

Da $\lambda > 0$, d. h. die monetären Grenzkosten sind nicht negativ, gilt:

$$(h_{11} h_2^2 - 2 h_{12} h_1 h_2 + h_{22} h_1^2) > 0.$$

Damit sind auch die Bedingungen zweiter Ordnung für ein Maximum erfüllt.

Soll ein Produktionsmaximum bestehen, muß eine weitere bekannte Bedingung erfüllt sein: Jeder Faktorpreis muß gleich seinem Wertgrenzprodukt sein. Π sei die Profitfunktion, q die Faktormenge, r der Faktorpreis, x_1 und x_2 die Produktmengen, p_1 und p_2 die Produktpreise.

Der formale Ausdruck für Profitmaximierung lautet dann:

$$\Pi = p_1 x_1 + p_2 x_2 - r h(x_1, x_2).$$

2. Kapitel: Integration und Kapitalbewegungen

Partielle Differentiation und Auflösung des Ausdrucks ergibt:

$$\frac{\delta \Pi}{\delta x_1} = p_1 - rh_1 = 0,$$

$$\frac{\delta \Pi}{\delta x_2} = p_2 - rh_2 = 0.$$

Durch Umformung erhält man:

$$r = \frac{p_1}{h_1} = \frac{p_2}{h_2}.$$

Nun sind h_1 und h_2 die (realen) Grenzkosten des Gutes x_1 bzw. x_2. Der reziproke Wert der (realen) Grenzkosten ist das Grenzprodukt. Es gilt deshalb auch

$$r = p_1 \frac{\partial x_1}{\partial q} = p_2 \frac{\partial x_2}{\partial q}.$$

Bei Maximierung der Produktion muß der Faktorpreis gleich dem Wertgrenzprodukt bei der Produktion jedes Gutes sein.

Es müssen auch hier die Bedingungen zweiter Ordnung erfüllt sein:

$$-rh_{11} < 0, \quad \begin{vmatrix} -rh_{11} & -rh_{12} \\ -rh_{21} & -rh_{22} \end{vmatrix} > 0.$$

Die Entwicklung der zweiten Determinante ist gleich;

$$r^2 [h_{11} h_{22} - (h_{12})^2] > 0.$$

Da $r > 0$ gilt $h_{11} > 0$ und $h_{11} h_{22} - (h_{12})^2 > 0$. Beide Bedingungen zusammen implizieren, daß $h_{22} > 0$, d. h. die Grenzkosten jedes Produkts, ausgedrückt in q, müssen steigen.

Für das Handelsoptimum muß eine weitere Bedingung erfüllt sein. Die Nutzenfunktion (U) eines beliebigen Konsumenten sei durch folgende funktionale Beziehung gegeben:

$$U = f(x_1, x_2).$$

Die Ausgaben für x_1 und x_2 seien $A = p_1 x_1 + p_2 x_2$. Es kann dann wieder folgende Lagrange-Funktion aufgestellt werden, die den Nutzen (U) eines Konsumenten unter der Nebenbedingung eines konstanten Ausgabenbudgets maximiert:

$$L = f(x_1, x_2) + \mu(A - p_1 x_1 - p_2 x_2).$$

Die Maximierung von L ergibt:

$$\frac{\delta L}{\delta x_1} = f_1 - \mu p_1 = 0$$

$$\frac{\delta L}{\delta x_2} = f_2 - \mu p_2 = 0$$

A. Kapitalbewegungen zwischen stationären Volkswirtschaften   33

$$\frac{\delta L}{\delta \mu} = A - p_1 x_1 - p_2 x_2 = 0.$$

Daraus folgt durch die Auflösung nach f_1 und f_2 und Division:

$$\frac{f_1}{f_2} = \frac{p_1}{p_2} \text{ oder } \frac{f_1}{p_1} = \frac{f_2}{p_2} = \mu,$$

d. h. die Grenznutzenverhältnisse beider Güter müssen gleich ihren Preisverhältnissen sein; oder der Grenznutzen für jede Werteinheit Gutes muß für jedes Gut gleich sein. In diesem Falle ist der Handel optimal.

Für das landesinterne Produktionsmaximum und Handelsoptimum gilt somit:

$$\frac{f_1}{f_2} = \frac{p_1}{p_2} = \frac{h_1}{h_2}.$$

Für jedes Güterpaar sind die Grenznutzen- gleich den Preis- und Grenzkostenverhältnissen. Unter diesen Bedingungen befindet sich eine Volkswirtschaft in einem Produktions- und Tauschgleichgewicht; das Pareto-Optimum ist erreicht. Über das Wohlstandsoptimum ist damit aber noch nichts ausgesagt. Darüber entscheidet eine gesamtwirtschaftliche Wohlstandsfunktion, die neben den Allokationserfordernissen auch die Verteilung berücksichtigt. Erst wenn auch diese Funktion maximiert ist, kann man von einem gesamtwirtschaftlichen Wohlstandsoptimum sprechen.

Damit das Nutzenmaximum erreicht ist, müssen wieder die Bedingungen zweiter Ordnung erfüllt sein. Die Hessesche Determinante für ein Maximum unter Nebenbedingungen ist wieder:

$$\begin{vmatrix} f_{11} & f_{12} & -p_1 \\ f_{21} & f_{22} & -p_2 \\ -p_1 & -p_2 & 0 \end{vmatrix} > 0.$$

Die Expansion dieser Determinante ergibt:

$$2 f_{12} p_1 p_2 - f_{22} p_1^2 - f_{11} p_2^2 > 0.$$

Es kann leicht gezeigt werden, daß dieser Ausdruck positiv sein muß.

Eröffnet Land I nun den Handel mit Land II, das sich ebenfalls in einem internen Gleichgewicht befindet, so wird das weltwirtschaftliche Produktionsmaximum und Handelsoptimum erst dann erreicht sein, wenn folgende Gleichgewichtsbedingung erfüllt sein wird:

$$\frac{f_1}{f_2}\bigg|^I = \frac{p_1}{p_2}\bigg|^I = \frac{h_1}{h_2}\bigg|^I = \frac{f_1}{f_2}\bigg|^{II} = \frac{p_1}{p_2}\bigg|^{II} = \frac{h_1}{h_2}\bigg|^{II}.$$

3 Schleicher

2. Kapitel: Integration und Kapitalbewegungen

Die Grenznutzen-, Preis- und Grenzkostenverhältnisse müssen in beiden Ländern gleich groß sein. (Die Superskripte I und II kennzeichnen das betreffende Land.)

Das Ziel jeder wirtschaftlichen Integration: die Optimierung des Lebensstandards der Mitglieder kann theoretisch durch freien Handel allein erreicht werden. Bei liberalisiertem Güteraustausch zwischen Unionsmitgliedern würden dann ein Handelsoptimum und Produktionsmaximum erreicht. Die von den Klassikern angenommene, aber in Wirklichkeit nur beschränkt vorhandene Immobilität der Produktionsfaktoren[1] zwischen Ländern hätte dann keinen Einfluß auf das Pareto-Optimum. Güter- und Faktorpreise würden unter sonst vollkommenen Bedingungen (vollkommene Märkte, Geltung des Ertragsgesetzes etc.) durch den internationalen freien Handel allein ausgeglichen. Würde diese Hypothese auch unter realistischen Bedingungen gelten, so wären besondere Abmachungen über die Liberalisierung der Faktorbewegungen in Integrationsverträgen nicht notwendig; Restriktionen hinsichtlich der freien Beweglichkeit von Produktionsfaktoren könnten also beibehalten werden. Ist in der Wirklichkeit das Produktionsmaximum nur uno actu mit Faktor-(Kapital-)Bewegungen (tendenziell) erreichbar, so wären auch Faktorbewegungen zu liberalisieren.

Die noch andauernde wissenschaftliche Diskussion über dieses Problem (Lerner-Samuelson-Theorem) hat eher bewiesen, daß freier Handel und freie Faktorbewegungen notwendig sind, um eine tendenzielle Annäherung an Produktionsmaximum und Handelsoptimum, und somit ein Wohlstandsoptimum, zu erreichen[2]. Alle praktisch-politischen

---

[1] Wenn man den Standpunkt vertritt, ökonomische Theorien hätten einen engen Bezug zu den wirtschaftlichen Problemen ihrer Zeit, ist diese Annahme, Produktionsfaktoren seien unbeweglich zwischen Ländern und beweglich innerhalb eines Landes, etwas willkürlich. Siehe dazu: J. H. *Williams*, The Theory of International Trade Reconsidered, The Economic Journal, 39 (1929), S. 253 ff. *Williams* ist in seiner Gedankenführung sehr von raumtheoretischen Überlegungen beeinflußt.

[2] Die wichtigsten Diskussionsbeiträge zum Problem des Faktorpreisausgleichs sind folgende: E. *Heckscher*, The Effect of Foreign Trade on the Distribution of Income, Ekonomisk Tidskrift, 21 (1919), S. 497 ff. Wiederabgedruckt in: Readings in International Trade Theory, S. 272 ff. B. *Ohlin*, Interregional and International Trade, Cambridge, 1933. P. A. *Samuelson*, International Trade and the Equalization of Factor Prices, The Economic Journal, 58 (1948), S. 163 ff. Derselbe, International Factor-Price Equalization once Again, The Economic Journal, 59 (1949), S. 181 ff. Derselbe, Prices of Factors and Goods in General Equilibrium, The Review of Economic Studies, 21 (1953/54), S. 1 ff. A. P. *Lerner*, Factor Prices and International Trade, Economica, N. S., 19 (1952), S. 1 ff. W. W. *Leontief*, Domestic Production and Foreign Trade, The American Capital Position Re-examined, Economia Internazionale, 7 (1954), S. 25 ff. J. E. *Meade*, Trade and Welfare, The Theory of International Economic Policy, Volume II, London, New York, Toronto, 1955. M. *Tatemotu*, S. *Ichimura*, Factor Proportions and Foreign Trade, The Case of Japan, The Review

A. Kapitalbewegungen zwischen stationären Volkswirtschaften

Arrangements hinsichtlich einer intensiveren wirtschaftlichen Integration enthalten so auch Bestimmungen über die Liberalisierung von Kapital-, Unternehmer-, und Arbeiterwanderungen. Die theoretische Form der Wirtschaftsunion, als weitestgehende Form der Integration unter Beibehaltung einer gewissen nationalen Souveränität, umfaßt neben freien Bewegungen von Gütern und Dienstleistungen auch die freie Beweglichkeit der Produktionsfaktoren[3].

Die Beweisführung des Lerner-Samuelson-Theorems, und daran anschließend seine Kritik, kann methodisch auf zweifache Weise durchgeführt werden: einmal mittels privatwirtschaftlicher Größen ohne externe Effekte[4], dann wohlstandsökonomisch in Größen volkswirtschaftlicher Kosten und Werte[5]. Hier wird das Theorem und seine Kritik in gesamtwirtschaftlichen Begriffen abgehandelt, weil externe Effekte in der Analyse wegen ihrer Wichtigkeit einfach nicht vernachlässigt werden dürfen. Auch haben Aussagen über den Lebensstandard nur unter Berücksichtigung externer Wirkungen einen Sinn.

1. Darstellung

Im vorigen Abschnitt wurden die Bedingungen für ein Weltproduktionsmaximum und ein Welthandelsoptimum referiert. Die Darstellung bezog sich expressis verbis nur auf einen freien Güteraustausch. Die Güterpreisverhältnisse mußten international gleich den Grenzkostenverhältnissen derselben Güter sein. Ebenso mußten die Faktorpreise international ausgeglichen sein, um die Maximalproduktion zu erreichen. Wenn wir jetzt ausschließlich freien Güteraustausch bei Faktorimmobilität postulieren, werden dann die Faktorpreise trotzdem ausgeglichen werden?

Der Beweisführung liegt zuerst ein Zwei-Faktoren-zwei-Güter-Modell zugrunde. L und K seien jetzt die zwei expliziten Produktionsfaktoren Arbeit und Kapital; l und r ihre Preise. Die Produktionsfunktion unserer vereinfachten Volkswirtschaft sei dann für Gut eins: $X_1 = F^1(L, K)$ und: $X_2 = F^2(L, K)$. X_1 und X_2 sind dann die produzierten Gütermengen. Ihre Preise seien p_1 und p_2. Weiter seien,

---

of Economics and Statistics, 41 (1959), S. 442 ff. B. *Balassa*, The Factor-Price Equalization Controversy, Weltwirtschaftliches Archiv, 87 (1961 II), S. 111 ff. Vgl. auch die Dissertation von K. *Mackscheidt*, Der internationale Ausgleich der Faktorpreise, Berlin, 1967.

[3] Bezüglich des Produktionsfaktors Kapital vgl. Art. 67 des Roemer-Vertrages zur Errichtung der Europäischen Wirtschaftsgemeinschaft (EWG).

[4] Vgl. P. A. *Samuelson*, International Trade ... a.a.O.

[5] Vgl. J. E. *Meade*, Trade and Welfare, und: Problems of Economic Union, a. a. O., S. 61 ff.

den Annahmen gemäß, F^1 und F^2 linear homogene Produktionsfunktionen. Es gilt dann:

$$\lambda X_1 = F^1(\lambda L, \lambda K), \lambda \geqq 0.$$ λ ist jetzt ein Proportionalitätsfaktor.

Wenn $\lambda = 1/K$, dann gilt:

$$\frac{X_1}{K} = F^1\left(\frac{L}{K}, 1\right), \text{ oder } X_1 = Kg^1(\varrho^1), \text{wobei} \left(\frac{L}{K}\right)^1 = \varrho^1.$$

Ebenso gilt:

$$X_2 = Kg^2(\varrho^2), \text{ wobei } \left(\frac{L}{K}\right)^2 = \varrho^2.$$

Die Grenzproduktivitäten der Arbeit sind dann:

$$g^{1\prime} = \frac{dg^1}{d\varrho^1} \quad \text{und} \quad g^{2\prime} = \frac{dg^2}{d\varrho^2},$$

des Kapitals:

$$g^1 - \varrho^1 g^{1\prime} \text{ und } g^2 - \varrho^2 g^{2\prime}.$$

Aus diesen Grenzproduktivitäten wird die homogene Linearität sichtbar. Die Faktorproduktivitäten sind nun eine Funktion der Faktorproportionen, nicht des totalen Betrages an Faktoren.

Unter den Bedingungen der vollkommenen Konkurrenz muß das Wertgrenzprodukt eines Faktors gleich seinem Preis sein. Im Gleichgewicht muß diese Bedingung für jedes Unternehmen erfüllt sein. Es gilt:

$$l = p_1 g^{1\prime} = p_2 g^{2\prime} \text{ und,}$$
$$r = p_1(g^1 - \varrho^1 g^{1\prime}) = p_2(g^2 - \varrho^2 g^{2\prime}),$$

wobei l die Lohnrate und r die Profitrate sind.

Sind beide Volkswirtschaften I und II vor der Integration im Gleichgewicht, aber bei unterschiedlichen Produkt- und Faktorpreisen, wird dann nach der Eröffnung des Handels nicht nur der Ausgleich der Produkt-, sondern auch der Faktorpreise erreicht? Diese Frage sucht die Kontroverse um das Faktorpreisausgleichs-Theorem zu beantworten.

Dem folgenden liegen zuerst die Annahmen des Heckscher-Ohlin-Samuelson-Modells zugrunde (H. O. S.-Modell). Darüber hinaus sind alle Größen volkswirtschaftliche Größen. Es gelten dann folgende Annahmen:

(1) Die Wirtschaftsunion bestehe aus zwei Ländern I und II, die beide die Güter Automobile (x_1) und Teppiche (x_2) produzieren (unvollkommene Spezialisierung). Gut x_1 sei kapitalintensiv, Gut x_2 arbeitsintensiv.

A. Kapitalbewegungen zwischen stationären Volkswirtschaften

(2) Gut x_1 und Gut x_2 werden in I und II mit den Produktionsfaktoren Kapital (K) und Arbeit (L) produziert.

(3) I und II haben eine gegebene unterschiedliche Faktorausstattung[6]. I verfügt über relativ viel Kapital, II über relativ viel Arbeit.

(4) Die Produktionsfunktionen sind zwischen Produkten verschieden, zwischen Ländern aber gleich[7].

(5) Die Produktionsfunktionen sind linear homogen, also mit konstantem Niveaugrenzprodukt. Damit ist die Faktorproduktivität allein von der relativen Knappheit eines Faktors abhängig.

(6) Die bei gegebener Präferenzstruktur international gehandelten Güter x_1 und x_2 sind immer kapitalintensiv bzw. arbeitsintensiv. Faktorsubstitutionen sind also nur insoweit gestattet, als sich die Faktorintensitäten nicht umkehren.

(7) Die Transportkosten seien null.

(8) Die Argumentation mit volkswirtschaftlichen Größen impliziert eine ganz bestimmte Wirtschaftspolitik (modifizierte Laisser-Faire-Politik). In beiden Ländern I und II muß die nationale Wirtschaftspolitik (8. 1) Konsumenten- und Produzentenfreiheit garantieren, (8. 2) eine Anti-Monopolpolitik im weitesten Sinne betreiben und (8. 3) Unterschiede zwischen privatem und volkswirtschaftlichem Netto-Grenzprodukt beseitigen.

Bei vollkommener Konkurrenz auf Faktor- und Gütermärkten sind dann die Grenzkosten eines Produkts immer gleich seinem volkswirtschaftlichen Grenzwert (= Preis). Das Grenzprodukt eines Faktors muß gleich dem reziproken Wert seiner Grenzkosten sein. Eine Möglichkeit solcher Wirtschaftspolitik wäre[8]: Besteuerung (Subventionie-

---

[6] Da im internationalen Handel neben unterschiedlichen Vorräten an Faktoren und deren Produktivität auch unterschiedliche Nachfragebedingungen bedeutend sind, ist es zweckmäßiger, die Faktorintensität mittels Faktorpreisen als mit Faktorangeboten zu kennzeichnen. Vgl. H. G. *Johnson*, International Trade and Economic Growth, Studies in Pure Theory, London, 1958, S. 30. B. *Balassa*, The Factor-Price Equalization Controversy, S. 112.

[7] Meade spricht hier von gleicher Produktionsatmosphäre in beiden Ländern. Vgl. Trade and Welfare, S. 332. An anderem Ort definiert er Produktionsatmosphäre „Such an atmosphere may be physical. It may depend upon the differences of rainfalls, sunshine, temperature etc. Or it may be social and psychological atmosphere in one country which is more conducive to enterprise, hard work, and vigor then in another." Problems of Economic Union, S. 61.

[8] Wir können diese Politik mit *Meade* eine modifizierte *Laisser-Faire*-Politik nennen. Das Tätigwerden des Staates allein zum Ausgleich der privaten und volkswirtschaftlichen Netto-Grenzprodukte stellt natürlich einen irrealen Modellfall dar, der nur den Zweck hat, die Fehlerhaftigkeit einer Analyse rein privatwirtschaftlicher Größen aufzuzeigen. Daneben wäre es leicht mög-

2. Kapitel: Integration und Kapitalbewegungen

rung) der Produzenten, deren Produktion zu volkswirtschaftlichen Kosten (Gewinne) führt, in Höhe dieser volkswirtschaftlichen Kosten (Gewinne). Jeder einzelne Fall externer Wirkungen müßte gesondert untersucht werden, da nicht immer der Geschädigte den relativ größeren Beitrag zum sozialen Wohlstand leisten muß. Bei genauer Würdigung beider Wohlstandspositionen muß dann jeweils zugunsten desjenigen entschieden werden, der den höchsten Nettobeitrag leistet.

Unter den gegebenen Voraussetzungen, bei gegebenen Preisen p_1 und p_2 und der zusätzlichen Annahme einer eindeutigen Lösung, müssen auch die Faktorentlohnungen in beiden Ländern gleich sein.

Diese Aussage läßt sich auf folgende Weise intuitiv rechtfertigen: Bei Freihandel muß dasselbe internationale Produktpreisverhältnis in beiden Ländern vorherrschen. Da es annahmegemäß nur eine Lösung gibt und in beiden Ländern dieselben Produktionsfunktionen gelten, muß jedes Gut in I und II mit denselben Faktorproportionen hergestellt werden. Daraus folgt, daß die Faktorentlohnung in jeder Industrie und in jeder Unternehmung gleich sein muß.

Das ist eine intuitive Deduktion des Faktopreisausgleichs-Theorems für den einfachen Zwei-Länder-zwei-Güter-Fall. Dabei sind zwei wichtige Annahmen unterstellt, die noch genauer auf ihre Bedeutung untersucht werden müssen. Eine der Voraussetzungen, die unvollkommene Spezialisierung, braucht nicht unbedingt gegeben zu sein. Mindestens ein Land kann sich auf ein Gut allein spezialisieren. Dies wird immer dann der Fall sein, wenn das Preisverhältnis nach Einführung des internationalen Handels größer oder gleich dem Preisverhältnis bei Spezialisierung auf ein Gut ist; denn dann wird sich ein Land auf jeden Fall spezialisieren.

Die zweite wichtige Annahme ist die Eindeutigkeit der Lösung. Eine lokale Lösung bekommt man formal mit Hilfe eines einfachen mathematischen Theorems. Wenn für alle Preise die Funktionaldeterminante und alle Hauptminoren verschieden von Null sind, gibt es eine eindeutige Lösung für unser Gleichungssystem (vgl. S. 36 f.). Die Bedingungen für eine eindeutige Lösung sind also explizit:

$$\begin{vmatrix} g_1'' & -p_1\, g_2'' \\ -\varrho^1 g_1'' & p_2 \varrho^2\, g_2'' \end{vmatrix} \neq 0.$$

---

lich, dem Staat Funktionen zu übertragen, die traditionell in seinen Bereich fallen: Verwaltung, Krankenhäuser, Schulen etc. Diese Staatstätigkeiten würden aber nur dann in unserem Modell nicht störend wirken, wenn sie durch eine Kopfsteuer finanziert würden. Vgl. A. P. *Lerner*, The Economics of Control, New York, 1946, S. 237. J. E. *Meade*, Trade and Welfare, S. 27 ff. und S. 49 ff.

Die Expansion dieser Determinante ergibt:

$$p_2 \varrho^2 g_1'' g_2'' - p_1 \varrho^1 g_1'' g_2'' \neq 0.$$

Oder:

$$g_1'' g_2'' (p_2 \varrho^2 - p_1 \varrho^1) \neq 0, \text{ und } g_i'' \neq 0.$$

Die Determinante und alle Hauptminoren dürfen nicht singulär sein, um eine lokale eindeutige Lösung, in der Nachbarschaft also, eines Lösungsvektors zu garantieren[9].

Eine intuitive Interpretation der abgeleiteten Bedingungen ist, erstens, das Ertragsgesetz muß gelten, und zweitens, die Kombination beider Faktoren im selben Einsatzverhältnis darf nicht vorteilhaft sein; andernfalls werden die eingangs aufgestellten Bedingungen verletzt.

Der allgemeine Beweis für die Existenz und Eindeutigkeit der Lösung für den m-Güter-n-Faktoren-Fall wurde von H. W. *Kuhn* eingeführt. Hier handelt es sich dann um kein lokales, sondern um ein globales Optimum[10].

m Gütermengen $X_1, \ldots, X_m$ werden in bestimmten Beträgen mit n-Faktorenmengen $Q_1, \ldots, Q_n$ produziert. Dabei ist $n = m$. Q_{ij} sind Vielfache der variablen Produktionskoeffizienten; also der Gesamtbetrag des j-ten Faktors der zur Produktion des Gesamtbetrages des i-ten Gutes benötigt wird. Inputs pro Einheit Output sind dann (= Produktionskoeffizienten) $a_{ij} = q_{ij} / x_i$. Die Produktionsfunktionen seien: $X_i = X^i (q_{i1}, \ldots, q_{im})$ für $y = 1, \ldots, m$ mit den Eigenschaften der Konkavität und linearen Homogenität und definiert für nicht negative Inputs. Die Preise der Güter seien p_i, die Preise der Faktoren r_i. Bei gegebenen Faktorpreisen steht $A_i (r_1, \ldots, r_n)$ für die Minimalkostenkombination bei der Produktion des Gutes i; d. h. für den Minimalwert von $r_1 a_{i1} + \ldots + r_n a_{in}$, wobei $a_{i1} \geq 0, \ldots, a_{in} \geq 0$ und $X^i (a_{i1}, \ldots, a_{in}) = 1$. Für jedes Gut x_i wird also zumindest ein Faktor zu seiner Produktion benötigt, d. h. dieser Input ist positiv und ermöglicht die Produktion einer Einheit. Diese Funktionen sind, wie Samuelson aufgezeigt hat, kontinuierlich, konkav und homogen erster Ordnung.

Bei gegebenen Produktionsfunktionen X^i und positiven Preisen p_i für alle Güter, besteht ein Produktionsmaximum, wenn

$$r_j \geq p_i \frac{\partial X^i (a_{i1}, \ldots, a_{in})}{\partial q_{ij}} \text{ für alle } i \text{ und } j$$

---

[9] Vgl. J. M. *Henderson*, R. E. *Quandt*, Microeconomic Theory, A Mathematical Approach, New York, Toronto, London, 1958, S. 275. M. C. *Kemp*, The Pure Theory of International Trade, Englewood (Cliffs), 1964, S. 46.
[10] A. H. *Land*, H. W. *Kuhn*, Factor Endowment and Factor Prices, Economica, 26 (1959), S. 142 ff.

erfüllt ist, also der Faktorpreis muß größer oder gleich seinem Wertgrenzprodukt sein. Das Gleichgewichtszeichen gilt immer, es sei denn $q_{ij} = 0$. Die Faktorentlohnung muß also gleich dem Grenzwertprodukt jedes Faktors in jedem Produktionsprozeß sein.

Diese Bedingungen sind notwendig und hinreichend für jede Menge nicht-negativer Faktormengen $(Q_{i1}, \ldots, Q_{in})$ zur Ermittlung der Minimalkostenkombinationen, $A^i(r_1, \ldots, r_n)$, für das i-te Gut zu den Faktorpreisen $(r_1, \ldots, r_n)$.

Die Existenz eines Gleichgewichts kann wie folgt abgeleitet werden: Bei gegebenen Produktionsfunktionen X^i und positiven Preisen p_i für alle Güter, gibt es eine Menge nicht negativer Faktorpreise $(r_1, \ldots, r_n)$, die die folgende Gleichung erfüllen:

$$A^i(r_1, \ldots, r_n) = r_1 a_{i1} + \cdots + r_n a_{in} = p_i \text{ für alle } i = 1, \ldots, n.$$

Dieses Ergebnis kann als Verallgemeinerung der geometrischen Lösung des Problems mit zwei-Faktoren-zwei-Gütern und den Erlösisoquanten gedeutet werden[11]. Es ist nichts anderes als eine optimale Produktionsgleichung für den n-Güter-n-Faktoren-Fall. Die Hyperebene $r_1 q_1 + \ldots + r_n q_n = 1$ entspricht der Kostengerade in der traditionellen Produktionstheorie. Diese Hyperebene berührt im Gleichgewicht eine konvexe Menge mit den folgenden Eigenschaften

$$\left\{ (q_{ij}) \Big| X^i(q_{ij}) \geq \frac{1}{p_i}, i = 1, \ldots, n \right\}.$$

Die Kosten einer bestimmten Produktmenge multipliziert mit ihrem Preis müssen also mindestens eine Währungseinheit Ertrag bringen. Anders ausgedrückt: die Punkte repräsentieren jene konvexe Menge, die mit den geringsten Kosten den Ertrag einer Währungseinheit für jedes Gut bringt. Im Gleichgewicht muß wieder das Gleichheitszeichen gelten, da dies den Annahmen entspricht.

Geometrisch kann die Lösung als der Tangentialpunkt zwischen den Isokostenlinien und den Isoertragskurven $\left(X^i \geq \dfrac{1}{p_i} \right)$ angesehen werden.

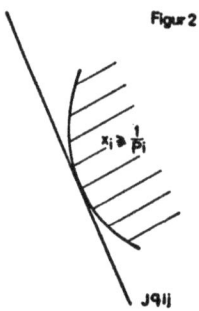

Figur 2

Die Existenz eines Gleichgewichts kann mit der folgenden Intensitätshypothese bewiesen werden. Die Güter werden entsprechend ihrem intensiv verwendeten Faktor angeordnet, so daß $r_i = 0$ die folgende Bedingung impliziert:

$$A^i(r_1, \ldots, r_n)/p_i < A^k(w_1, \ldots, w_n)/p_k \text{ für einige } k.$$

Dies bedeutet intuitiv wieder, daß jenes Gut, das Faktor i mehr verwendet, billiger ist, als ein Gut, das diesen Faktor weniger intensiv verwendet. Dann läßt sich folgendes beweisen: Wir definieren $M(r_1, \ldots, r_n) = \max_i A^i(r_1, \ldots, r_n)/p_i$. Danach ist dann:

$$r'_i = r_i + M - A^i/p_i \text{ für } i = 1, \ldots, n$$

eine kontinuierliche Abbildung positiver Faktorpreise in sich selbst.

Damit sind die Voraussetzungen zur Anwendung des Brouwerschen Fixpunktsatzes gegeben. Kompaktheit und Konvexität der Faktorpreismengen und Kontinuität der Funktion. Dann gibt es Faktorpreise $r_1, \ldots, r_n$ und eine Konstante $c > 0$, so daß $cr_i = r_i + M - A^i/p_i$ für $i = 1, \ldots, n$. Wählt man ein Gut, für das $M = A^i/p_i$, dann gilt für dieses Gut $i: cr_i = r_i$. Nun wird $r_i = 0$ aber durch die Intensitätsannahme ausgeschlossen. Deshalb muß $c = 1$ gelten und $M = A^i/p_i = \ldots = A^n/p_n$. Daraus folgt, daß die Gleichgewichtspreise:

$$\frac{r_1}{M}, \ldots, \frac{r_n}{M} \text{ sind }{}^{12}.$$

Die Fälle $n \neq m$ sind erst teilweise erforscht. Sicher scheint aber zu sein, daß bei mehr Gütern als Faktoren der Faktorpreisausgleich leichter wird; umgekehrt wird er bei mehr Faktoren als Güter schwieriger oder ganz unmöglich. Um noch einen Faktorpreisausgleich zu erzielen, müssen viel restriktivere Annahmen erfüllt sein[13].

2. Kritik

Es ist hier notwendig, etwas genauer auf die Kritik der Voraussetzungen des Lerner-Samuelson-Theorems einzugehen, da ja gerade sie die Notwendigkeit für freie Faktorbewegungen innerhalb einer Wirtschaftsunion aufzeigt.

a) Unvollkommene Spezialisierung

Es ist durchaus denkbar, daß sich bei freiem Handel Land I und/ oder II auf die Produktion eines Gutes spezialisiert, bevor die Produkt-

---

[11] Zur geometrischen Lösung siehe, A. H. *Land*, a. a. O., S. 138 ff.
[12] Zur Frage der Eindeutigkeit siehe H. W. *Kuhn*, a. a. O., S. 144.
[13] Vgl. K. *Mackscheidt*, a. a. O., S. 139 ff.

preise und damit die Faktorkosten ausgeglichen sind. Dann werden auch nach Einführung des freien Warenaustausches die Preisverhältnisse, und damit auch die Grenzraten der Substitution in I und II nicht angeglichen.

$$\left.\frac{p_1}{p_2}\right|^{\mathrm{I}} \neq \left.\frac{p_1}{p_2}\right|^{\mathrm{II}}.$$

Das Produktionsmaximum und das Handelsoptimum ist dann für die Zollunion noch nicht erreicht.

Folgendes Beispiel soll diese suboptimale Situation beschreiben. Land I sei relativ kleiner als Land II (relativ geringe Kapital- und Arbeitsausstattung)[14]. Automobile seien für die Konsumenten in beiden Ländern das bevorzugte Gut. Die Konsumenten geben in I und in II einen relativ größeren Teil ihres Einkommens für Gut x_1 als für Gut x_2 aus; schließlich bestehen in beiden Ländern große Unterschiede in der Faktorausstattung, so daß das Verhältnis Kapital zu Arbeit in I sehr viel größer als in II ist.

Bei Eröffnung des Handels zwischen I und II wird in I die Automobilproduktion in II die Teppichproduktion erhöht, weil ja beide Produkte unter den gegebenen Verhältnissen einen komparativen Kostenvorteil haben. Die in I produzierten Automobile, die dann gegen Teppiche aus II getauscht werden, reichen aber für den zusätzlichen Bedarf in II infolge der sehr viel geringeren Faktorausstattung von I auch dann nicht aus, wenn I nur noch Automobile und überhaupt keine Textilien mehr produziert. Es werden dann auch nach der völligen Spezialisierung auf die Automobilproduktion in I noch große Unterschiede in den Faktorgrenzprodukten und damit der Kapital- und Lohnrente bestehen bleiben. Handel kann in diesem Fall die Faktorgrenzprodukte angleichen, aber nicht ausgleichen. Der völlige Ausgleich der Faktorpreise käme nur zustande bei Arbeiterwanderung von I nach II und Kapitalbewegungen von II nach I[15].

---

[14] Allgemein darf man sagen, je größer die Unterschiede in der Faktorausstattung und je geringer die Unterschiede in den Faktoreinsatz-Verhältnissen für die gehandelten Güter, um so wahrscheinlicher ist es, daß wenigstens eines der Länder in wenigstens einem der Güter sich völlig spezialisiert. Vgl. P.A. *Samuelson,* International Trade, S. 178.

[15] Bei mehr als zwei international gehandelten Produkten wird die Wahrscheinlichkeit, daß ein Land in einem Gut spezialisiert, das für den Faktorpreisausgleich von großer Bedeutung ist, geringer. Bei relativ vielen frei gehandelten Gütern (relativ zu den Produktionsfaktoren), deren Transportkosten zu vernachlässigen sind, kann also international durchaus ein Produktionsmaximum angenähert werden. Freilich setzt das zusätzlich eine — wie oben definierte — ganz bestimmte staatliche Wirtschaftspolitik voraus. Vgl. J. E. *Meade,* Trade and Welfare, S. 385 ff. Allgemein ist jedoch in einem *Mehr-Länder*-Fall, vor allem, wenn es sich um wirtschaftlich sehr verschiedene Länder handelt, die Wahrscheinlichkeit der Spezialisierung größer. Vgl. J. *Tinbergen,* The Equalization of Factor Prices Between Free-Trade-Areas,

A. Kapitalbewegungen zwischen stationären Volkswirtschaften 43

Diese Ergebnisse lassen sich genauer formulieren. Vier Kostenverhältnisse entscheiden darüber, ob ein Land bei einem bestimmten Warenpreisverhältnis spezialisiert: das maximale Kostenverhältnis im Land mit dem niedrigeren Maximum, das minimale Kostenverhältnis im Land mit dem höheren Minimum und die beiden Gleichgewichts-Warenpreis-Verhältnisse in autarker Wirtschaft vor der Eröffnung des Handels. Folgende vier Möglichkeiten ergeben sich dann[16]:

(1) Wenn das minimale Kostenverhältnis im Land des relativ höheren Minimums das maximale Kostenverhältnis des anderen Landes übersteigt, so daß die Reihen der komparativen Kostenverhältnisse der beiden Länder sich nicht überschneiden, muß mindestens ein Land vollkommen spezialisieren;

(2) Wenn die Reihen der Kostenverhältnisse der beiden Länder sich überschneiden, wird wenigstens eines der Länder nicht vollkommen spezialisieren;

(3) Wenn der Bereich der möglichen Kostenverhältnisse eines Landes das isolierte Gleichgewichts-Güterpreis-Verhältnis des anderen Landes umfaßt, wird das erste Land nicht spezialisieren;

(4) Wenn jedes isolierte Güterpreis-Verhältnis in den Bereich des Kostenverhältnisses des anderen Landes fällt, wird kein Land völlig spezialisieren.

Nur in Fall vier hat das Lerner-Samuelson-Theorem seine Gültigkeit. In den übrigen vier Fällen müssen Faktorbewegungen die Angleichung der Faktorpreise weiterführen.

b) Zahl der Produktionsfaktoren

Bei mehr Faktoren als Güter kommt der Faktorpreisausgleich unter sonst gleichen Bedingungen nicht mehr zustande. Dabei müssen einige grundsätzliche Überlegungen angestellt werden.

Es ist nicht eindeutig, was man noch als einen individuellen Produktionsfaktor bezeichnen soll. Diese Entscheidung ist aber von großer Be-

---

in: Selected Papers, ed. by L. H. *Klaassen*, L. M. *Koyck*, H. J. *Witteveen*, Amsterdam, 1959, S. 112 ff. Doch auch diese These ist wiederum abhängig von der Definition im Sinne der Cambridge School (monopolistic competition) und einer Nicht-Spezialisierung sehr entgegenkommend. Vgl. R. F. *Harrod*, Factor Price Relations under Free Trade, S. 247.

[16] Diese Bedingungen sind notwendig, aber nicht hinreichend für eine Spezialisierung. Um hinreichend zu sein, müssen zwei weitere Annahmen erfüllt sein: Das neue Preisverhältnis muß zwischen den beiden isolierten Preisverhältnissen liegen; kein Land spezialisiert zu einem Preisverhältnis, das zwischen den Extremen der komparativen Kostenreihe liegt. Vgl. H. G. *Johnson*, International Trade and Economic Growth, S. 23 ff.

deutung für den internationalen Faktorpreisausgleich im m-Güter-n-Faktoren-Fall. Die Definition wird nicht klarer, wenn man mit Ohlin unterschiedliche Qualitäten als Kriterium für Faktoren verwendet[17]. Schließt man sich Harrod's Definition an, wonach jede spezielle Fähigkeit ein unterschiedlicher Faktor ist, so wird die Zahl der Produktionsfaktoren noch größer[18].

Weiter ist zu berücksichtigen, daß es international viel gehandelte Güter gibt, die nicht Endprodukte (Konsumgüter), sondern Zwischengüter sind. Betrachtet man diese als Produktionsfaktoren, so steigt ihre Anzahl relativ zu den Endprodukten. Ex definitione sind sie dann aber unter den Annahmen des Lerner-Samuelson-Theorems nicht beweglich. Bei ihrer realiter gegebenen Mobilität tragen sie jedoch sicherlich zu einer Nivellierung ihrer Preise bei. Betrachtet man sie als Güter, so werden ihre Preise ex definitione ausgeglichen[19].

Ein Beispiel, wo nach Eröffnung des freien Handels die Faktorpreise nicht ausgeglichen werden ist folgendes[20]. Zusätzlich zu den bisherigen Annahmen über die Beschaffenheit von I und II postulieren wir: I verfüge über einen speziellen Faktor (Facharbeiter), der in II nicht vorhanden ist. Automobile werden also in I aus zweifachem Grunde mit einem komparativen Kostenvorteil produziert: wegen des Überschusses an Kapital und dem Angebot an Facharbeitern.

Bei Fehlen der Facharbeiter in I ist es denkbar, daß internationaler Handel und damit verbundene teilweise Spezialisierung in I auf Automobile, in II auf Teppiche, die Kapital- und Lohnrenten in I und II einander angleicht. Wird dagegen in I mit dem zusätzlichen Faktor „Facharbeiter" produziert, so ist es möglich, daß das Arbeits- und Kapitalgrenzprodukt in I höher als in II sind. Bei gleichen Grenzkosten (= Produktpreisen) in I und II bestehen dann trotzdem unterschiedliche Faktorpreise für Kapital und Arbeit. Vermehrter Handel könnte daran nichts ändern. Dagegen würden Wanderungen der Facharbeiter von I

---

[17] Vgl. B. *Ohlin*, Interregional and International Trade, S. 97.
[18] Vgl. R. F. *Harrod*, Factor Price Relations, S. 246 ff.
[19] P. A. *Samuelson*, Prices of Factors and Goods, a.a.O., J. *Vanek*, Variable Factor Proportions and Inter-Industry Flows in the Theory of International Trade, Quaterly Journal of Economics, 77 (1963), S. 129 ff.
[20] Die Bedingungen werden mit zunehmender Faktoren- und Produktanzahl komplizierter. Vgl. J. F. *Pearce*, The Factor-Price Equalization Myth, Review of Economic Studies, 19 (1951/52), S. 115 ff. Die Berücksichtigung von Inlandsgütern bereitet weitere Schwierigkeiten (Translokationskosten = ∞). Der Faktorpreisausgleich wäre dann nur möglich, wenn die Summe der Außenhandelsgüter größer als die Summe der Inlandsgüter plus der Anzahl der Produktionsfaktoren wäre. Daraus wird klar, daß ein relativ großer öffentlicher Sektor die Tendenzen zum Faktorpreisausgleich vermindert. Vgl. E. V. *Morgan*, G. L. *Rees*, Non-Traded Goods and International Factor Price Equalization, Economica, N. S., 21 (1954), S. 334 ff.

nach II zu einem Ausgleich der Facharbeiterkosten und damit der anderen beiden Faktorpreise führen.

Sind neben unterschiedlichen Mengen der drei Faktoren in beiden Ländern auch drei Produkte: Automobile, Teppiche und Kühlschränke gegeben, dann wäre es möglich, daß in jeder Industrie in I und II dieselben Faktorpreisverhältnisse vorherrschen. Da I ein relativ reichliches Angebot an Facharbeitern und Kapital hat, spezialisiert es sich teilweise auf die Automobil- und Kühlschrankproduktion, II auf Teppiche. Die Folge wäre ein relatives Steigen der Kapitalrente und Facharbeiterrente (Arbeiterrente) in I (II), und damit der Ausgleich der Faktorpreise[21].

c) Produktionsfunktionen

Die Annahme gleicher Produktionsfunktionen[22] in gleichen Industrien in jedem Land und zwischen jedem Land mag für industrialisierte Länder in etwa gelten[23], dagegen kaum für Industrieländer einerseits, und Entwicklungsländer anderseits. So ist denkbar, daß I wegen der günstigeren Produktionsatmosphäre bei jeder Faktorkombination ein besseres Produktionsergebnis erzielt als II[24]. Freier Handel

---

[21] Kompliziertere Strukturen ergeben sich bei komplementären Faktor- bzw. Produktverhältnissen. Vgl. J. E. *Meade*, Trade and Welfare, S. 382 f.

[22] „Gleich" bedeutet, daß mit einer bestimmten Faktorkombination zur Produktion eines bestimmten Gutes x_1 in Land I und x_1 in Land II genau dasselbe Produktionsergebnis erzielt wird. Infolge der qualitativen Verschiedenheit der Produktionsfaktoren ist das aber recht unwahrscheinlich. Vgl. J. *Viner*, International Trade and Economic Development, Glencoe (III.), 1952, S. 131. Es gibt allerdings eine Möglichkeit, wie *Leontief* nachgewiesen hat, wo Unterschiede der Effizienz einzelner Faktoren unter bestimmten Bedingungen keinen Einfluß auf den Faktorpreisausgleich haben, nämlich, wenn jede Faktorproduktivität in I und II ein konstantes Vielfaches derjenigen im anderen Land ist. Vgl. W. W. *Leontief*, Domestic Production and Foreign Trade, The American Capital Position Re-examined, Economia Internazionale, 7 (1954), S. 25 ff.

[23] Vgl. die empirische Untersuchung von Arrow et alii, die gerade die interkontinentale Gleichheit der Produktionsfunktionen zum Untersuchungsgegenstand hat. K. J. *Arrow*, H. B. *Chenery*, B. S. *Minhas*, R. M. *Solow*, Capital-Labour Substitution and Economic Efficiency, The Review of Economics and Statistics, 18 (1961), S. 230 ff.

[24] Mit dieser Argumentation werden nicht-meßbare Produktionsfaktoren in die Produktionsfunktion miteinbezogen. Dies im Gegensatz zu *Samuelson*, der seine Produktionsfunktion auf meßbare Inputs beschränkt. P. A. *Samuelson*, International Trade..., S. 181. J. F. *Pearce*, The Factor Price Equalization Myth, S. 115. Jedoch ist bei den nicht meßbaren Faktoren zu unterscheiden zwischen tatsächlichen Produktionsfaktoren, deren Gebrauch ihre verfügbare Menge ändert, und solchen, wo die Menge unverändert bleibt. Das Problem der „unpaid factors" taucht in unserer Analyse deshalb nicht auf, weil die angenommene modifizierte Laisser-Faire-Politik die privaten und volkswirtschaftlichen Grenzprodukte immer auszugleichen vermag.

allein vermag dann nie die Faktorpreise international auszugleichen. Die Produktionsfaktoren müßten, um ein Produktionsmaximum innerhalb der Union zu erreichen, von II nach I wandern.

Realistischer ist der Fall, wo nicht jede Faktorkombination, sondern nur eine bestimmte in I immer ein höheres Produkt hervorbringt. Dies ist z. B. gegeben bei der Produktion von subtropischen Citrusfrüchten in den entsprechenden Gebieten. In beiden Fällen ist es zur Maximierung der Produktion notwendig, daß Faktoren zum Ort des höheren Grenzprodukts wandern.

Die Möglichkeit zunehmender Ertragszuwächse bei der Produktion eines Gutes in einem Land macht ebenfalls Faktorbewegungen dorthin notwendig. Nehmen wir an, die Automobilindustrie von I und die Teppichwebereien von II produzieren bei steigenden Erträgen. Die Spezialisierung in I auf Automobile und in II auf Teppiche wird favorisiert durch die reichen Kapital- bzw. Arbeitsausstattungen. Wenn I (II) das Produkt mit dem komparativen Vorteil immer weiter produziert, verknappt sich Kapital (Arbeit) zunehmend, da es aus der arbeitsintensiven (kapitalintensiven) Teppichindustrie (Automobilindustrie) nur in relativ kleinen Mengen abgezogen werden kann. In diesem Falle müßten die ursprünglichen Faktorausstattungen in beiden Ländern adjustiert werden, derart, daß Kapital von II nach I und Arbeit von I nach II wandern. Nur dann kann die Weltproduktion maximiert werden.

d) Faktorsubstitution (strenge Faktorintensitäts-Annahme)

Bei der Diskussion des Lerner-Samuelson-Theorems fand die strenge Faktorintensitäts-Annahme die meiste Beachtung. Konstante Faktorproportionen bei variablen Faktorpreisverhältnissen sind in der Tat recht unwahrscheinlich[25].

Nehmen wir an, die Automobilindustrie arbeite mit starrer Kapitalintensität (Leontief-Produktionsfunktion), dagegen sei die Teppichproduktion je nach der Höhe der Faktorpreise arbeits- bzw. kapitalintensiv (begrenzte Substituierbarkeit). Wenn sich I bei gegebener Nachfragestruktur auf die Automobilproduktion, II auf die Textilproduktion, spezialisiert, dann wird in I in der Teppichproduktion Kapital ab einem

---

[25] Vgl. J. F. *Pearce*, The Factor-Price Equalization Myth, S. 117. R. *Robinson*, Factor Proportions and Comparative Advantages, The Quaterly Journal of Economics, 70 (1956), S. 176 ff. R. W. *Jones*, Factor Proportions and the Heckscher-Ohlin Theorem, The Review of Economic Studies, 24 (1956/57), S. 1 ff. H. G. *Johnson*, International Trade and Economic Growth, S. 17 ff. B. S. *Minhas*, The homohypallagic Production Function, Factor-intensity Reversals, and the Heckscher-Ohlin Theorem, The Journal of Political Economy, 70 (1962), S. 138 ff.

bestimmten Preisverhältnis durch Arbeit substituiert; das bedeutet aber für I eine zunehmende Arbeitsverknappung: Das Grenzprodukt der Arbeit und damit die Arbeitsrente werden in I nicht fallen, sondern steigen. II wird in der Teppichproduktion Arbeit durch Kapital ersetzen, so daß Kapital dort noch relativ seltener wird und die Kapitalrente zumindest nicht fällt. Bei dieser möglichen Konstellation ist der Faktorpreisausgleich wiederum nur möglich, wenn Kapital von I nach II, und Arbeit von II nach I wandern, solange bis ein Ausgleich der Faktorpreise zustande kommt.

e) Transportkosten

Die Abstraktion von den Transportkosten ist offensichtlich eine etwas irreale Annahme. Transportkosten existieren immer in bestimmter Höhe für die Bewegung von Gütern, Diensten und Faktoren. Das bedeutet aber, daß die Faktorpreise international nie völlig ausgeglichen werden können; denn in den Ländern, wo Kapital relativ knapp vorhanden ist (relativ reichlich), ist das Grenzprodukt des Kapitals (Kapitalrente) immer höher (niedriger) als in Ländern mit relativem Kapitalreichtum. Damit sind Automobile (Teppiche) trotz des internationalen Handelsaustauschs wegen der unterschiedlichen Grenzprodukte und der Transportkosten in II (I) immer relativ teurer als in I (II). Die Faktorpreise mehr ausgleichen können dann nur Faktorbewegungen, also Kapitaltransfers von I nach II und Arbeiterwanderungen von II nach I, sofern die Kosten der Faktorbewegungen kleiner als die Unterschiede in den Faktorpreisen sind.

Jedem Kapitalexport muß grundsätzlich ein gleich großer Güterexport folgen (Transferproblem)[26]. Zwei Fälle sind zu unterscheiden: (1) Die Kapitalbesitzer wohnen nicht im Kapitalimportland (II); dann ist der Kapitaltransfer um so vorteilhafter, je weniger Transportkosten der Güterexport von II nach I verursacht. Dann werden nämlich die Dividendenzahlungen keine großen mittelbaren Kosten verursachen. (2) Wandern die Kapitalisten dagegen in das Kapitalimportland II aus, dann ist die Kapitalbewegung gesamtwirtschaftlich um so vorteilhafter, je weniger die Kapitalbesitzer ihre Gewinne für kapitalintensive Güter (Automobile) verwenden; denn gerade Automobile konnten sie ja in I mit einem komparativen Kostenvorteil ohne Transportkosten

---

[26] Das bedeutet natürlich nicht, daß einer Kapitalübertragung von I nach II zeitlich ein Güterexport von I nach II folgen muß. Vielleicht sind Devisenvorräte aus früheren Handelsbilanzüberschüssen vorhanden, die dann keinen unmittelbaren Einfluß auf den Güterexport haben. (Mittelbar kann infolge von Reperkussionen eine solche Wirkung eintreffen.) Zudem muß die Ursache des Handelsbilanzüberschusses keine Exportzunahme sein; er kann auch aus einer Importabnahme resultieren.

kaufen. Insoweit besteht kein Unterschied zwischen Arbeiter- und Kapitalwanderungen.

Bei Kapitalbewegungen allein ist eine weitere Besonderheit zu beachten: Kapitalexporte können nur in Höhe eines gleich großen Ertragsbilanzüberschusses erfolgen. Deshalb ist eine Kapitalbewegung von I nach II um so vorteilhafter, je eher dieser Ertragsbilanzüberschuß durch eine Verringerung der Exporte von I nach II zustandekommt. Wegfallende Transportkosten von I nach II erhöhen diesen Gewinn. Umgekehrt ist bei der exportgüterintensiven Reallokation in II ein Kapitaltransfer dann unerwünscht, wenn der Güterexport aus II Transportkosten in einer Höhe verursacht, die den Wohlstandsgewinn in II neutralisieren.

3. Abschließende Bemerkungen

Folgende allgemeinen Ergebnisse sind festzuhalten[27]:

(1) Der Faktorpreisausgleich bei Handel allein ist um so wahrscheinlicher, je geringer die Unterschiede in der Faktorausstattung vor Beginn des Handels sind; denn dann sind nur geringe Preisveränderungen für den Ausgleich notwendig.

(2) Je geringer die Anzahl der Faktoren in jedem Land ist, desto weniger hat der Handel für den Faktorpreisausgleich zu leisten.

(3) Je größer die Anzahl der Produkte, die in jedem Land produziert werden, desto mehr Möglichkeiten des Faktorpreisausgleichs gibt es.

(4) Je größer die Unterschiede in den Faktoreinsatzverhältnissen bei der Produktion der einzelnen Güter, um so größer ist der Einfluß, den freier Handel auf die relative Faktornachfrage in den beteiligten Ländern ausüben kann.

(5) Je konsistenter die Unterschiede in den Faktorproportionen in der Produktion der einzelnen Güter sind, desto mehr wirkt dies ausgleichend auf die Faktorpreise.

II. Bei Bedingungen des Zweitbesten

Bisher wurde mit utopischen Marginalbedingungen (Bedingungen des Erstbesten) argumentiert. Da war u. a. vollkommene Konkurrenz auf allen Märkten, vollkommene Flexibilität der Preise, konstante Skalenerträge, keine Unterschiede zwischen privatem und volkswirtschaftlichem Grenzprodukt und keine störende Wirtschafts- und Sozialpolitik. Unter diesen Annahmen waren Faktor-(Kapital-)Bewegungen im-

---

[27] Vgl. J. E. *Meade*, Trade and Welfare, S. 392.

A. Kapitalbewegungen zwischen stationären Volkswirtschaften

mer ökonomisch, d. h. sie wanderten vom Ort des niedrigen zum Ort des höheren volkswirtschaftlichen Grenzprodukts. Das bedeutete in jedem Fall eine Mehrproduktion und damit bei entsprechender Neuverteilung eine Erhöhung des Wohlstandes der beteiligten Länder.

In der Wirklichkeit herrschen Marktunvollkommenheiten, Preisinflexibilität und Divergenzen zwischen privaten und volkswirtschaftlichen Kosten. Die öffentliche Wirtschafts- und Finanzpolitik kann meist gar nicht oder nur unvollkommen auf eine Homogenität der Märkte und den Ausgleich der Kosten hinwirken. Im folgenden werden Wohlstandswirkungen von Kapitalbewegungen bei jeweils einer der Bedingungen des Zweitbesten untersucht.

Bedingungen des Zweitbesten bedeuten, daß wenigstens eine der Bedingungen des Pareto-Optimums (utopische Marginalbedingungen) nicht erfüllt ist. Es lassen sich dann unterscheiden: (1) Verhaltensabweichungen; (2) Nicht-Verhaltensabweichungen. Unter die erste Klasse fallen die Entscheidungseinheiten, die nicht den Nutzen bzw. Profit maximieren wollen. Die zweite Gruppe ist weiter zu unterteilen in (2.1) Divergenzen, die aus irgendeiner Staatstätigkeit entstehen, und (2.2) andere Unterschiede. Unter die ersten fallen z. B. direkte und indirekte Steuern, Subventionen, Zölle, Produktionseinschränkungen etc. Letztere kann man unter dem Terminus „Marktunvollkommenheiten", z. B. monopolistische Märkte, unterschiedliche Lohnraten in verschiedenen Industriezweigen, die nicht produktivitätsbedingt sind, technologischen Besonderheiten, wie zunehmende Skalenerträge, oder ökonomische Interdependenzen wie externe Effekte in Produktion und Konsum subsumieren.

Entsprechend den Bedingungen des Zweitbesten gibt es Lösungen des Zweitbesten. Während Meade grundsätzlich nicht unterscheidet zwischen solchen Divergenzen, die durch staatliche Eingriffe eliminierbar sind, und solchen, deren Beseitigung mit politischen Mitteln unmöglich ist, baut Bhagwati[28] gerade darauf die Möglichkeit einer Analyse des Zweitbesten auf. Danach gibt es bei Annahmen des Erstbesten und bei eliminierbaren Voraussetzungen des Zweitbesten nur Lösungen des Erstbesten; bei nicht eliminierbaren Divergenzen basiert die Lösung des Erstbesten auf Annahmen des Zweitbesten.

Meade bedient sich so der Methode des Zweitbesten, um die Samuelsonsche These, daß Handel besser als kein Handel ist, unter einigen Bedingungen des Zweitbesten zu analysieren und zu modifizieren[29]. Er

---
[28] Vgl. J. *Bhagwati*, The Pure Theory of International Trade, S. 56 ff.
[29] P. A. *Samuelson*, The Gains from International Trade, Canadian Journal of Economics and Political Science, 5 (1939), S. 195 ff. Wiederabgedruckt in: Readings in the Theory of International Trade, S. 239 ff. Derselbe, The Gains from International Trade Once Again, The Economic Journal, 72 (1962), S. 820 ff.

2. Kapitel: Integration und Kapitalbewegungen

kommt zu ganz bestimmten Einschränkungen des Theorems. Auf Faktorbewegungen angewandt lassen sich dann wirtschaftspolitische Implikationen ganz bestimmter Art eines freien Güter-, Dienstleistungs- und Faktoraustausches aufzeigen. Insofern diese wirtschaftspolitischen Schlußfolgerungen restriktiver Art sind, ist ihre Validität gegenüber dem Freihandelstheorem möglicherweise eine geringere[30]. Dies hauptsächlich wegen der so gut wie nicht meßbaren Wohlstandsgewinne und Wohlstandsverluste. Auf dem Kriterium der Meßbarkeit beruht ja gerade die Argumentation bei Samuelson und Meade.

Insofern solche Kontrollen mit marktinkonformen Mitteln durchgeführt werden, z. B. mittels Importzöllen, sind sie nicht Gegenstand unserer Betrachtung, da sie mit den Forderungen einer Wirtschaftsunion unvereinbar sind. Damit wird aber ein großer Teil der Erkenntnisse der Theorie des Zweitbesten von vornherein ausgeschlossen.

1. Effizienzbedingungen

a) Heterogene Faktormärkte

Unterschiedliche Kapitalrenten in verschiedenen Industrien als Folge bestehender Marktunvollkommenheiten[31] führen zu Divergenzen in den Faktorentlohnungen, denn die Rate, zu der Kapital mit irgendeinem anderen Faktor in beiden Ländern substituiert wird, ist nicht mehr länger gleich. Besteht z. B. in Land I ein Monopson für den Faktor Kapital, in Land II dagegen ein Polypson, so wird in I die Zinsrate niedriger sein als das Grenzprodukt des Kapitals, während in II beide Werte übereinstimmen. Der Preis eines Gutes in der Marktform des Monopsons muß ja mit dem Faktor $1/(1 + 1/\varepsilon_i)$ multipliziert werden, wobei ε_i die Preiselastizität des Angebots an Faktor i ist. MP_1 sei die Grenzproduktivität des Faktors Kapital in bezug auf Gut X_1. Die Gleichgewichtsbedingung (vgl. S. 33) wird dann:

$$\left. \frac{\frac{r}{MP_1}\left(1 + \frac{1}{\varepsilon_i}\right)}{\frac{r}{MP_2}\left(1 + \frac{1}{\varepsilon_i}\right)} \right| I = \frac{h_1}{h_2} \left| I \neq \frac{p_1}{p_2} = \frac{h_1}{h_2} \right| II.$$

---

[30] Vgl. J. E. *Meade*, Trade and Welfare, S. 570 ff.

[31] Kapitalzinsunterschiede brauchen keine echten Divergenzen zu bedeuten, z. B. wenn eine Präferenz der Kapitalisten im Hinblick auf eine bestimmte Investition besteht, oder aber, weil die eine Verwendung weniger risikovoll als die andere ist. Dagegen handelt es sich um echte Divergenzen, wenn monopolistisch bzw. monopsonistisch bedingte Unterschiede vorhanden sind.

Da für $\varepsilon_i < \infty$ die Faktorentlohnung $r = MP_1 \dfrac{1}{1+\dfrac{1}{\varepsilon_i}} p_1$ immer kleiner ist als $p_1 \cdot MP_1$, wird das Faktorangebot unter monopsonistischen Märkten immer kleiner sein als unter einem Polypson. Trotz des Ausgleichs der Faktorpreisverhältnisse ist dann das Weltproduktionsmaximum nicht erreicht.

Unter solchen Bedingungen werden die Kapitalbesitzer ihr Kapital den Unternehmern in II zur Verfügung stellen. Diese Kapitalbewegungen aber sind als unökonomisch zu bezeichnen, wenn das Grenzprodukt des Kapitals in I unter idealen Bedingungen tatsächlich höher ist als in II. Eine staatliche Wirtschaftspolitik der Entmonopolisierung wäre in diesem Falle eine geeignete Methode, um die Bedingungen des Zweitbesten in Bedingungen des Erstbesten umzuwandeln und damit eine Lösung des Erstbesten zu finden.

b) *Preisinflexibilität*[32]

Angebots- und Nachfrageänderungen führen nur dann auch zu entsprechenden Preisveränderungen, wenn die Preise flexibel sind. Nehmen wir an, die Faktorpreise seien in I inflexibel, in II flexibel. Bei Eröffnung des Handels zwischen I und II werden sich die Preisverhältnisse von Automobilen und Teppichen in beiden Ländern angleichen. In II steigt die Teppichproduktion und damit die Nachfrage nach Arbeit; die Arbeitsrente steigt relativ zur Kapitalrente. In I werden mehr Automobile produziert. Hat der Automobilproduzent eine Monopolstellung, so steigt die Kapitalrente nur um relativ weniger als es dem Grenzprodukt entspräche; trotz der Mehrnachfrage nach Kapital steigt der Kapitalpreis um nur relativ weniger.

Damit entsteht eine ähnliche Situation wie unter a) (heterogene Faktormärkte): Kapitalbewegungen können in die unökonomische Richtung fließen. Die optimalen Produktionsmöglichkeiten bei dem in I und II vorhandenen Faktorangebot werden nicht erreicht.

Der Monopolpreis ist wieder der Konkurrenzpreis multipliziert mit dem Faktor $(1+1/\eta_1)$, wobei η_1 die Nachfrageelastizität nach dem Gut 1 ist. Es sind nur die Grenzkosten, die an die Faktoren vergütet werden. Der Unterschied zwischen $p_1(1 + 1/\eta_1)$ und dem Grenzerlös ist der Monopolgewinn.

---

[32] Vgl. G. *Haberler*, Some Problems in the Pure Theory of International Trade, S. 223 ff. J. *Bhagwati*, The Pure Theory of International Trade, S. 65.

Es gilt dann unter diesen Bedingungen folgende Optimalbedingung:

$$\left.\frac{\frac{r}{MP_1}}{\frac{r}{MP_2}}\right|^I = \left.\frac{h_1}{h_2}\right|^I = \left.\frac{p_1\left(1+\frac{1}{\eta_1}\right)}{p_2}\right|^I \neq \left.\frac{p_1}{p_2}\right|^{II} = \left.\frac{h_1}{h_2}\right|^{II}.$$

Für $\eta_1 > -\infty$ gilt für die Entlohnung der Faktoren: $r = MP_1\, p_1\left(1+\frac{1}{\eta_1}\right)$; die Faktorrente ist niedriger als bei vollkommener Konkurrenz.

c) Interne Effekte

Interne Effekte, z. B. degressive Kostenverläufe (zunehmende Erträge) können unökonomische Kapitalbewegungen induzieren.

Es ist möglich, daß Land I mit zunehmenden Erträgen produziert und zwar in einem Bereich der Kostenfunktion, der bei marginalen Output-Ausdehnungen zu einer weiteren Kostendegression führt. Land II produziere im Bereich konstanter Erträge. In einer solchen Situation ist es denkbar, daß die Faktorentlohnungen in I noch geringer als in II sind. Infolgedessen wandern die Produktionsfaktoren — bei Translokationskosten von null — von I nach II, anstatt von II nach I. Die Faktoren müßten im Interesse der Maximierung der Produktion innerhalb der Union irgendwie ermutigt werden, von II nach I zu wandern. Hier eröffnet sich das weite Feld öffentlicher und institutioneller Kapitalbewegungen.

d) Externe Effekte

Die Mehrbeschäftigung des Faktors Kapital in I infolge der teilweisen Spezialisierung kann volkswirtschaftliche Kosten zur Folge haben. Diese externen Effekte, die sowohl in der Produktion wie im Konsum auftreten können, konkretisieren sich in Divergenzen zwischen marginalen privaten und volkswirtschaftlichen Grenzprodukten und damit der privaten und volkswirtschaftlichen Grenzrate der Substitution dieser Güter; ebenso der privaten und volkswirtschaftlichen Grenzrate der Transformation und damit wieder dem Verhältnis der privaten und volkswirtschaftlichen Grenzkosten dieser beiden Güter.

Es seien C_1 und C_2 die Kostenfunktionen der Automobil- bzw. Teppichindustrien.

$$C_1 = C_1(x_1) \text{ und } C_2 = C_2(x_1, x_2).$$

Π_1 und Π_2 seien die Profite der beiden Industrien. Die gemeinsame Profitmaximierung kann wieder aus der Funktion Π abgeleitet werden:

$$\Pi = \Pi_1 + \Pi_2 = p_1 x_1 + p_2 x_2 - C_1(x_1) - C_2(x_1, x_2).$$

Durch partielle Ableitung und null setzen erhält man:

$$\frac{\delta \Pi}{\delta x_1} = p_1 - \frac{\delta C_1}{\delta x_1} - \frac{\delta C_2}{\delta x_1} = 0$$

$$\frac{\delta \Pi}{\delta x_2} = p_2 - \frac{\delta C_2}{\delta x_2} = 0.$$

Nach der Auflösung nach p_1 und p_2 und Division erhält man:

$$\frac{p_1}{p_2} = \frac{\dfrac{\delta C_1}{\delta x_1} - \dfrac{\delta C_2}{\delta x_1}}{\dfrac{\delta C_2}{\delta x_2}}.$$

Für die Bedingungen zweiter Ordnung kann gezeigt werden, daß die Hauptminoren der Hesseschen Determinante, mit kleiner null beginnend, alternieren.

Das private und volkswirtschaftliche Grenzprodukt, und damit die privaten und volkswirtschaftlichen Grenzkosten, divergieren in I in der Automobilindustrie. Das private Grenzprodukt ist immer kleiner als das volkswirtschaftliche Grenzprodukt. Ist gleichzeitig in II das private gleich dem volkswirtschaftlichen Grenzprodukt, aber kleiner als das soziale Grenzprodukt in I, so sind Kapitaltransfers von I nach II infolge des höheren privaten — aber geringeren volkswirtschaftlichen — Grenzprodukts, unökonomisch; denn nach unseren Annahmen wird ja in I ein höheres soziales Grenzprodukt erzielt.

Die Beseitigung der Divergenz zwischen privatem und volkswirtschaftlichem Grenzprodukt in I wäre in einer Wirtschaftsunion, die interne Zölle und direkte Kontrollen der Faktorbewegungen verbietet, nur durch eine entsprechende Steuer- und Subventionspolitik — in diesem Spezialfall Subventionspolitik — möglich[33]; d. h. konkret: Die Automobilindustrie müßte in I in Höhe dieser volkswirtschaftlichen Ersparnisse subventioniert werden[34].

2. Wirtschaftspolitische Bedingungen

a) Finanzpolitik

Bisher wurde der Staat als eine Institution betrachtet, deren einzige Aufgabe die modifizierte Laisser-Faire-Politik ist. Das entspricht jedoch genau so wenig der Realität wie die übrigen utopischen Margi-

---

[33] Die second-best-Bedingungen werden dann zu first-best-Bedingungen, die dann eine first-best-Lösung ermöglichen.
[34] Streng genommen setzt das die kardinale Meßbarkeit des Wohlstands voraus (in beiden Ländern und damit in der Wirtschaftsunion). Da dies in dieser Form unmöglich ist, läßt es sich ökonomisch nur in groben Formen, institutionell meist gar nicht verwirklichen.

nalbedingungen; vielmehr ist der Staat finanz-, sozial-, konjunktur-, wettbewerbs- und raumpolitisch tätig. Er wirkt damit in bestimmter Weise auf die Kosten- und Preisverhältnisse ein und ermöglicht oder verhindert dadurch ökonomische Kapitalbewegungen.

Die öffentliche Einnahmen-Ausgabengestaltung kann eo ipso zu großen Divergenzen zwischen Preisen und Kosten führen[35]. So verursacht jede indirekte Steuer auf ein Gut einen Unterschied zwischen dem Preis und den Kosten dieses Gutes. Umgekehrt ist bei einer Subvention auf ein Gut der Preis, den der Produzent bekommt, um den Subventionsbetrag höher als der Preis, den die Konsumenten zu zahlen bereit sind. Jede direkte Steuer wirkt ähnlich: Das soziale Grenzprodukt ist dann immer höher als die tatsächliche Faktorentlohnung. Entsprechendes gilt für direkte Subventionen[36].

Wie solche steuerlich bestimmten Divergenzen zwischen Grenzprodukt und Grenzkosten zu unökonomischen Faktorbewegungen führen können, ist aus dem folgenden Beispiel ersichtlich: Wir nehmen an, die Produktionsfaktoren Arbeit und Kapital waren ursprünglich zwischen I und II beliebig verteilt; es bestand zwischen I und II noch kein Produktionsmaximum. I verfügte über viel Kapital, II über relativ wenig Kapital, gemessen an den übrigen Produktionsfaktoren. Bei diesen Gegebenheiten müßte Kapital von I nach II wandern, weil ja in II das Grenzprodukt des Kapitals größer ist als in I. Sind die Translokationskosten null, so bleibt dieser Anreiz nach Errichtung der Wirtschaftsunion grundsätzlich bestehen, wenn der Kapitalertrag in jedem Unionsland gleichmäßig besteuert wird, z. B. keine Doppelbesteuerung. Jeder Kapitalbesitzer in I könnte sein Einkommen erhöhen, wenn er sein Kapital in II investierte.

In Wirklichkeit wird jedoch eine progressive Steuer auf den Kapitalertrag den Anreiz zum Kapitaltransfer von I nach II etwas einschränken; denn der höhere Ertrag in II fließt dem Kapitalisten nur in der um den Grenzsteuersatz verminderten Höhe zu. Verursacht der Kapitaltransfer von I nach II zusätzlich noch Kosten, so können diese beiden Faktoren: Besteuerung und Transportkosten die Kapitalbewegungen verhindern. Der Kapitaltransfer wird nur dann durchgeführt, wenn

---

[35] Dies gilt nur für die Einnahmen-Ausgabengebarung, die über die Ziele der modifizierten Laisser-Faire-Politik hinausgeht, also z. B. öffentliche Investitionen in das Sozialkapital.

[36] Zwei Annahmen sind wenigstens denkbar, bei denen solche Ungleichungen nicht auftreten: (1) Der Staat verschafft sich Einnahmen aus eigenem Besitz; (2) er führt eine progressive Kopfsteuer ein. Vgl. A. P. *Lerner*, The Economics of Control, S. 237. Da, wie noch zu zeigen ist, aber in der Wirklichkeit meist nicht mit marginalen, sondern diskreten Änderungen gerechnet wird, wäre dieses Mittel dann auch untunlich.

A. Kapitalbewegungen zwischen stationären Volkswirtschaften 55

das Grenzprodukt des Kapitals in II höher als die Transportkosten und die zusätzlich zu entrichtende Steuer ist.

Steuern können nicht nur ökonomische Kapitalbewegungen verhindern, sondern auch unökonomische Kapitalbewegungen induzieren. Letzteres dann, wenn in den Mitgliedstaaten der Union sehr von einander verschiedene Steuersysteme vorherrschen, und die Grenzkosten nicht mehr überall in gleichem Verhältnis die Grenzprodukte repräsentieren. Die wirtschaftspolitische Implikation einer Wirtschaftsunion, die ihre Produktion maximieren will, ist deshalb eine weitgehende Vereinheitlichung der Steuersysteme und die Abschaffung aller Subventionen, die nicht einer modifizierten Laisser-Faire-Politik dienen[37].

b) Redistributionspolitik

Die staatliche Politik der Einkommensredistribution[38] kann ebenso Differenzen zwischen Kosten und Preisen verursachen. Dies läßt sich wieder anhand eines Beispiels zeigen. Es sind zwei Fälle zu unterscheiden.

Beide Länder I und II betreiben eine autonome Redistributionspolitik derart, daß aus der progressiven Besteuerung der höheren Einkommenschichten Transferzahlungen an die niedrigen Einkommenschichten geleistet werden, um eine gleichmäßigere Einkommens- und Vermögensverteilung zu erreichen. Nehmen wir weiter an (Fall 1), daß vor der Errichtung der Wirtschaftsunion die Produktionsfaktoren zwischen den beiden Ländern I und II effizient verteilt waren, so daß der Wert des Kapitalgrenzprodukts ursprünglich in beiden Ländern gleich war. Da aber in Land I eine günstigere Produktionsatmosphäre als in Land II herrscht, sei ein größerer Teil der hochbezahlten Produktionsfaktoren in I; der kleinere Teil in II. Deshalb ist das Durchschnittseinkommen in I höher als in II. Wird jetzt in beiden Ländern eine Redistributionspolitik in der angeführten Art, z. B. in Form einer Kapitalertragsteuer, durchgeführt, so braucht I seine Steuern weniger hoch anzusetzen als II, da ja in I wegen des größeren Reichtums weniger Sozialleistungen zu erbringen sind als in II. Bei höheren Grenzsteuerraten in II als in

---

[37] Nicht jede Eliminierung einer Kosten-Produkt-Differenz muß aber eine Steigerung der Unionswohlfahrt bewirken. Nur wenn die Summe aller marktmäßigen Veränderungen, die z. B. aus der Beseitigung einer Subvention entstehen, positiv ist, würde diese wirtschaftspolitische Maßnahme den Wohlstand innerhalb der Union heben.
[38] Redistributionspolitik kann mit den verschiedensten Mitteln erfolgen: direkte Kontrollen und Interventionen im Markt wie Festsetzung von Höchstpreisen, von Festpreisen, von Produktionskontingenten und steuerlichen Maßnahmen. Aus der Definition einer Wirtschaftsunion folgt jedoch, daß die marktinkonformen Maßnahmen aus der Betrachtung eliminiert werden müssen.

I besteht ein Anreiz für Kapitaltransfers von II nach I[39]. Damit würde aber die ursprünglich effiziente Verteilung der Produktionsfaktoren gestört, d. h. die Kapitalbewegungen wären unökonomisch.

Es ist auch möglich (Fall 2), daß in den Unionsländern I und II unterschiedliche Ansichten über das Ausmaß einer sozialpolitisch orientierten Finanzpolitik vorherrschen. Hat II höhere Steuersätze und nivelliert die Einkommen mehr als I, so bestehen ebenso Anreize für unökonomische Kapitaltransfers von II nach I. Ganz allgemein werden Produktionsfaktoren mit hohem Einkommen nach I und Faktoren mit niedrigem Einkommen nach II wandern[40].

In beiden Beispielen könnten die unökonomischen Faktorbewegungen bis zu einem gewissen Grad vermieden werden, wenn in beiden Unionsländern eine einheitliche Finanz- und insbesondere Redistributionspolitik gehandhabt würde[41]. Eine solche könnte einerseits darin bestehen, in allen beteiligten Ländern die sozialbedingten Steuern und Sozialleistungen völlig zu vereinheitlichen, oder aber — wenn dies wegen der unterschiedlichen Wohlstandsstruktur der Unionsmitglieder nicht möglich ist — mittels einer internationalen Redistribution von Land zu Land.

c) Konjunkturpolitik

Schließlich ist denkbar, daß in den Unionsländern I und II inflatorische Tendenzen auftreten, die ihren Ursprung beispielsweise in einer Angebotslücke auf dem Baumarkt haben können. Beide Länder machen eine Politik der Nachfragedrosselung. Die Mittel dazu können verschieden sein. I mag die Nachfrage mittels direkter Kontrollmaßnah-

---

[39] Diese Kapitalbewegungen wären aber rentabilitätspolitisch nur dann sinnvoll, wenn in der Wirtschaftsunion das Ursprungslandprinzip der Besteuerung gilt. Herrscht das Bestimmungslandprinzip vor, wird also das Einkommen in dem Land besteuert, in dem ein Kapitalist seinen Wohnsitz hat, besteht kein rationaler Grund für diese unökonomischen Kapitalbewegungen von Kapitalbesitzern in II, von II nach I. Möglicherweise besteht jedoch — und das ist eine Frage der Translokationskosten — ein Anreiz für den Kapitalisten zusammen mit seinem Kapital von II nach I auszuwandern.

[40] Höhere Einkommenschichten sind nicht Empfänger von Sozialleistungen, sondern im allgemeinen deren Finanziers. Faktoren mit niedrigem Einkommen sind Empfänger von Sozialleistungen. Ihren Interessen entsprechend werden sie nach I oder II gehen. Es muß aber beachtet werden: wenn Einkommensempfänger an ihrem Wohnsitz besteuert werden (Bestimmungslandprinzip), emigrieren die Kapitalisten von II nach I. Wird das Einkommen im Ursprungsland besteuert, so wird mehr Kapital in I investiert, die Kapitalisten bleiben selbst in II.

[41] Damit wird aber nicht behauptet, daß dann auch ökonomische Faktorbewegungen einsetzen; vielmehr kann gerade eine vereinheitlichte (direkte oder indirekte) Steuer Faktorbewegungen entmutigen, wenn die Summe aus Transportkosten und dem Grenzsteuerbetrag größer oder gleich dem zusätzlichen Faktorgrenzprodukt ist.

men, z. B. Einschränkung der Baugenehmigungen, drosseln, während II monetäre Mittel einsetzt, die schließlich zu einer Geldverknappung und damit tendenziellen Zinserhöhung in II führen können. In diesem Fall wird der monetäre Kapitalzins in II auf jeden Fall über dem in I liegen; die reale Kapitalproduktivität kann deshalb trotzdem in I höher sein als in II. In diesem Falle wäre dem Anreiz zu unökonomischen Kapitaltransfers von I nach II mit wirtschaftspolitischen Mitteln entgegenzuwirken oder aber es müßten in beiden Ländern einheitliche antizyklische Mittel eingesetzt werden.

d) Raumpolitik

Land I bestehe aus zwei Regionen r_1^I und r_2^I, in denen Kapital in r_1^I reichlich und in r_2^I knapp vorhanden ist. Die Kapitalrente ist also in r_1^I niedriger als in r_2^I. Land II mit den Regionen r_1^{II} und r_2^{II} sei knapp an Kapital in beiden Regionen; es verfüge aber über größere Entwicklungsaussichten (gesamtwirtschaftliche Ersparnisse).

Um eine gleichmäßigere Verteilung der Wirtschaftstätigkeit zu erreichen, besteuert die Regierung in I die Wirtschaftssubjekte in r_1^I, um in r_2^I die notwendigen Grundlageninvestitionen durchführen zu können. Die Wirtschaftssubjekte in r_2^I sind aber von der Steuer befreit. Die Regierung in II besteuert ihre Wirtschaftssubjekte in beiden Regionen trotz der relativ niedrigen Einkommen, um gewisse notwendige öffentliche Ausgaben tätigen zu können, die aber keineswegs ausreichend für die Entwicklung des Landes sind.

Schließen sich I und II zu einer Wirtschaftsunion zusammen, so wird Kapital, wenn die Translokationskosten gering sind, nicht nur von r_1^I nach r_2^I (Steueroase), sondern auch von r_1^{II} und r_2^{II} nach r_2^I wandern; denn dort wird infolge der Steuerbefreiung eine höhere Kapitalrente erzielt als in r_1^{II} und r_2^{II}, wo die Steuern den sowieso geringen Kapitalzins weiter vermindern. In diesem Falle müßte auch eine integrierte Raumpolitik von den Regierungen in I und II betrieben werden, so daß unökonomische Kapitalbewegungen von r_1^{II} und r_2^{II} nach r_2^I unterbleiben[42].

III. Bei diskreten Veränderungen

Bisher waren nur marginale Änderungen von Produktion und Konsum, soweit diese zur Maximierung der Produktion und der Optimierung des Handels beitrugen, Gegenstand der Analyse. Es konnte gezeigt werden, welche Rolle Faktorbewegungen bei diesem Prozeß spie-

---

[42] Vgl. T. *Scitovsky*, Economic Theory and Western European Economic Integration, S. 134.

len können. Nicht erwähnt wurde der durchaus realistische Fall, wann es — trotz der Erfüllung aller marginaler Optimumbedingungen — für eine Volkswirtschaft vorteilhaft wäre, ein neues Produkt zu produzieren oder eine neue (alte) Industrie zu gründen (eliminieren). Dieser Fall muß im folgenden näher berücksichtigt werden, da im Wachstumsprozeß einer Volkswirtschaft ja dauernd neue Produkte und neue Industrien entstehen.

Die Rolle der Faktorbewegungen bei der Einführung eines neuen Produkts oder einer neuen Industrie läßt sich wieder anhand eines einfachen Modellbeispiels darstellen, wobei einmal die Faktoren als immobil, dann als mobil angenommen werden: Land I sei infolge der Produktionsatmosphäre prädestiniert für die industrielle Produktion. Die Produktion eines neuen Gutes wird dann anfänglich wegen der geringen Produktivität bei den ersten Einheiten, später aber wegen der Abwerbung von Faktoren aus anderen Industrien zu hohen sozialen Kosten führen, die zunehmende Ersparnisse aus der Mehrproduktion überkompensieren. So bei Faktorimmobilität.

Bei Faktormobilität werden die sozialen Kosten anfänglich wohl ebenso hoch, später aber wegen der geringeren Fixkostenbelastung in zunehmendem Maße abnehmen; der externe Substitutionseffekt tritt nur bis zu einem gewissen Grad auf, da zusätzliche Faktoren aus II in I beschäftigt werden können. Bei Faktormobilität wird also der Wohlstandsgewinn größer sein als ohne.

Die Aktualität dieser theoretischen Überlegungen wird deutlich, wenn man bedenkt, daß gewisse Investitionen in die Infrastruktur einer Volkswirtschaft erst ab einer gewissen Größe einen ins Gewicht fallenden Beitrag zur Unionswohlfahrt leisten können. In manchen, besonders kleineren Ländern können solche Investitionen nur mit der finanziellen Hilfe anderer Länder durchgeführt werden. Der Produktionserfolg mag dabei anfänglich gering sein, weil erst massive Investitionen eine Steigerung der Produktivität zeitigen, so daß private ausländische Kapitalgeber meist daran interessiert sind. Unter solchen Umständen wären dann im Interesse der Steigerung der Wohlfahrt des betreffenden Landes und der gesamten Wirtschaftsunion Maßnahmen zu ergreifen, die internationale Bewegungen von Arbeit und Kapital vom Land geringerer Produktivität in dieses Land potentieller höherer Produktivität garantieren. Hier eröffnet sich das weite Feld öffentlicher und institutioneller Kapitaltransfers.

B. Kapitalbewegungen
zwischen teilweise evolutorischen Volkswirtschaften

Die bisherige Analyse war eine weitgehend statische: Bei gegebener Faktorausstattung, Technik und Präferenzstruktur führen Kapitalbewegungen unter utopischen Marginalbedingungen jedenfalls zu einer Mehrproduktion und damit Wohlstandssteigerung; dieses Ergebnis gilt bei Bedingungen des Zweitbesten. Diskrete Änderungen mit wohlstandssteigernder Wirkung können oft nur nach wirtschaftspolitisch stimulierten Kapitalimporten durchgeführt werden.

Auch in dieser statischen Analyse waren dynamische Elemente enthalten, wenn man bedenkt, daß die Gleichgewichtspositionen des Handelsoptimums und des Produktionsmaximums nur über Änderungen der relativen Preise erreichbar sind. Insofern können in jede Gleichgewichtslage dynamische Elemente impliziert werden (Samuelsonsches Korrespondenz-Prinzip). Explizit ist in jeder komparativ-statischen Analyse wenigstens ein dynamisches Element enthalten, da ja ex definitione wenigstens zwei Gleichgewichtslagen verglichen werden.

Faßt man den Begriff der Dynamik so weit, daß er sich auf alle Größen eines wirtschaftlichen Systems bezieht, dann war die Analyse des Lerner-Samuelson-Theorems eine statische; denn impliziert wurde u. a. ein konstantes Faktorangebot (Kapital, Arbeit), also u. a. konstante Bevölkerung und konstante Nachfrage- und Geschmacksstruktur.

Wenn die statische Theorie auch ihren Beitrag zur Durchdringung der ökonomischen (dynamischen) Realität zu leisten vermag, so muß doch das Endziel jeder Wirtschaftstheorie und damit auch der Theorie des internationalen Handels, ein umfassendes dynamisches Theorie-System, das alle wirtschaftlichen Größen dynamisiert, sein[43].

I. Preiselastisches Faktorangebot

Es ist eine Situation denkbar, wo das Faktorangebot bei bestimmter Höhe der Faktorpreise elastisch wird. Das bedeutet: mit zunehmender Kapitalrente bzw. Arbeitsrente wird das Arbeits- und Kapitalangebot elastischer.

Gegeben sei folgende Ausgangsposition — bei utopischen Marginalbedingungen: Land I produziert das relativ kapitalintensive Gut (Automobile), II das relativ arbeitsintensive Gut (Teppiche). Steigt infolge des internationalen Handels die Nachfrage nach Automobilen in I, und Teppichen in II, so hat das keine ebenso große Preissteigerung des Faktors Kapital (Arbeit) in I (II) zur Folge wie bei vollkommen unelastischem Faktorangebot. Es könnten dann bei gegebener Preiselastizität des Faktorangebots internationale Faktorpreisunterschiede bestehen bleiben.

---

[43] Vgl. G. *Haberler*, Dynamization of the Theory of International Trade. In: Guest-Lectures in Economics, ed. by E. *Henderson*, L. *Spaventa*, Milano, 1962, S. 47 ff.

Bei vollkommen elastischem Faktorangebot für den relativ im Überfluß vorhandenen Faktor ist nur ein ganz bestimmtes Faktorpreisverhältnis denkbar. Seine Höhe ist von der Höhe des Faktorpreises abhängig, ab der das Faktorangebot vollkommen elastisch wird. Jedenfalls werden sich beide Länder auf das Gut spezialisieren, zu dessen Produktion der Faktor mit preiselastischem Angebot relativ viel benötigt wird. Folglich wird der relativ knappe Faktor in beiden Ländern noch knapper[44], so daß die Faktorpreisverhältnisse sich noch weiter voneinander entfernen.

Auch bei elastischem Faktorangebot müßte also Arbeit von II nach I und Kapital von I nach II transferiert werden um ein Produktionsmaximum innerhalb der Wirtschaftsunion zu erreichen.

II. Direkte und indirekte Wachstumswirkungen

Unter den idealen Bedingungen des Lerner-Samuelson-Theorems findet als Folge des freien Handelsaustausches nur eine Reallokation der Produktion in jedem Land statt. Internationale Bewegungen der Produktionsfaktoren brauchen nicht stattzufinden. Sind diese Idealbedingungen nicht gegeben — und nur das entspricht der ökonomischen Realität —, so müssen internationale Faktorbewegungen ermöglicht werden, die dann in bestimmten Fällen zu einem Ausgleich der Faktorpreise zwischen den beteiligten Ländern führen können.

Wenn man berücksichtigt, daß Transportkosten immer in irgendeiner Höhe entstehen, dann findet ein völliger Ausgleich nie statt. Sogar wenn man das Translokationshindernis vernachlässigt, herrscht in jenen Fällen, wo eine immer vorhandene günstigere Produktionsatmosphäre herrscht, immer ein Produktivitätsvorteil (= höherer Preis der Produktionsfaktoren). Findet ein Ausgleich tendenziell statt, so hat dies in beiden Ländern eine Änderung der Produktionsmöglichkeiten zur Folge.

Die Veränderung wird im Gläubigerland — bei ökonomischen Kapitalbewegungen ex definitione — geringer sein als im Schuldnerland, d. h. die Alternativkosten sind im Gläubigerland geringer als die Alternativgewinne im Kapitalimportland. Nach der exakten Theorie müssen aber in I entstehende Verluste in bestimmter Höhe berücksichtigt werden, da ja die Produktionsmöglichkeitenkurve die maximalen Produktionsmöglichkeiten eines Landes bei dem gegebenen Faktorvorrat repräsentiert. Ein Faktorentzug müßte dann die Produktionsmöglichkei-

---

[44] Vgl. H. G. *Johnson*, Effects of Changes in comparative Costs as Influenced by Technical Change. In: International Trade Theory in a Developing World. Proceedings of a Conference held by the International Economic Association, London, New York, 1963, S. 105.

B. Kapitalbewegungen zwischen teilweise evolutorischen Volkswirtschaften

ten in gewisser Höhe einschränken. Da in Wirklichkeit aber fast nie an dieser Grenze produziert wird, sondern innerhalb der Produktionsmöglichkeitenkurve (heterogene Märkte, Preisinflexibilität, mangelnde Substituierbarkeit etc.), kann der kontraktive Effekt im Kapitalexportland vernachlässigt werden. Kapitalbewegungen haben dann, sofern sie ökonomisch sind, einen direkten expansiven Effekt im Kapitalempfangsland. Die Produktionsmöglichkeitenkurve von II verschiebt sich nach Nordosten.

Doch damit sind die dynamischen Wachstumswirkungen von Kapitaltransfers nicht erschöpfend behandelt. Kapitalbewegungen haben — nicht ohne gewisse Einschränkungen — indirekte Wirkungen[45]: (1) Kapitaltransfers sind oft (Direktinvestitionen, Anleihen bei internationalen monetären Organisationen) mit der Übermittlung technischen Wissens verbunden, das zusätzlich produktivitätssteigernd wirkt. (2) Der Realtransfer vergrößert die Produktionsmöglichkeiten zusätzlich, insofern er aus Zwischengütern besteht. (3) Schließlich kann das vermehrte Güterangebot wettbewerbssteigernd wirken. Wenn vorher eine heterogene Marktstruktur größerer Intensität vohanden war, so kann dies zu einer weiteren Annäherung an die maximale Produktionsmöglichkeitenkurve führen.

Diese Aussage gilt nicht ohne Einschränkung. Nicht jede Annäherung an die Marginalbedingungen muß schon eine Wohlstandsvermehrung bedeuten. Ebenso wird ein gleichmäßiger Monopolgrad in allen Wirtschaftssektoren selbst ein Optimum repräsentieren, das auch durch homogene Konkurrenzbeziehungen nicht vergrößert werden kann[46].

Alle diese direkten und indirekten Wirkungen werden die Produktionsstruktur hauptsächlich im Kapitalimportland in ganz bestimmter Weise beeinflussen. Bisherige komparative Nachteile können zu komparativen Vorteilen werden und vice versa. Die Handelsstruktur wird sich ändern; die neuen Handelsströme beeinflussen wieder die Produktionsstruktur etc.

---

[45] Die semi-dynamische Produktivitätstheorie von H. *Myint* wurde nur für den Güterverkehr explizit dargestellt. Vgl. H. Myint, The Classical Theory of International Trade and the underdeveloped Countries, The Economic Journal, 68 (1958), S. 317 ff. G. *Haberler*, International Trade and Economic Development, Cairo, 1959, S. 9 ff.

[46] Man braucht sich nur vorzustellen, daß in einem gegebenen Isoquantensystem (begrenzte Substituierbarkeit; gegebener technischer Fortschritt) ja dasselbe Produkt mit verschiedenen Faktorkombinationen produziert werden kann. Nur bei limitationalen Faktoreinsatzverhältnissen würde das Produkt nach Erhöhung der Kapitalproportion gleichbleiben, da dann die Isoquanten rechteckig verlaufen. Diese Gedanken sind anhand eines Box-Diagramms leicht zu illustrieren.

1. Direkte Wirkungen

Das Gut des Schuldnerlandes x_2^{II} habe einen komparativen Vorteil gegenüber Gut x_1^{II}. $T_1^{II} \overline{T}_1^{II}$ sei die maximale Produktionsmöglichkeitenkurve von Land II vor dem Kapitalimport. Bleiben $\sum x_1^I, x_2^I$ trotz des Kapitalexportes von I nach II konstant, so bringt die Vergrößerung des Kapitalbestandes in II einen höheren potentiellen Output zustande. Die relative Verbilligung des Faktors Kapital in II wird dann den Substitutionsprozeß von Arbeit durch Kapital in II stimulieren. Dieser Prozeß kommt zum Stillstand, wenn das Verhältnis der Grenzproduktivitäten der Faktoren Arbeit und Kapital bei der Produktion sowohl von x_2^{II} als auch von x_1^{II} gleich dem reziproken Preisverhältnis ist.

Dieses neue Faktorpreisverhältnis wird sich normalerweise erst auf einem höheren Produktionsniveau einstellen[47]. Da es solche effizienten Faktorkombinationen unendlich viele innerhalb den durch die Faktorausstattung gesetzten Grenzen gibt, ist eine weitere Bedingung notwendig, die dann den faktischen Produktionspunkt bestimmt. Diese Bedingung wird von der Nachfragekonstellation gesetzt: In dem Punkt wo das Grenzkostenverhältnis von x_1^{II} und x_2^{II} gleich dem Marktpreisverhältnis ist, wird produziert (optimaler Produktionspunkt).

Graphisch läßt sich die Vermehrung des Kapitalbestandes in II anhand einer Verschiebung der Produktionsmöglichkeitenkurve (Transformationskurve) nach Nordosten anzeigen, d. h. von $T_1^{II} \overline{T}_1^{II}$ nach

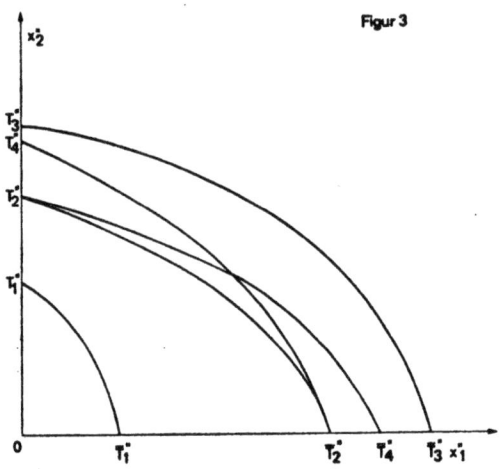

Figur 3

---

[47] Vgl. S. *Enke*, Some Gains from Trade in Producer Goods, The Quarterly Journal of Economics, 75 (1961), S. 635 ff.

$T_2^{II} \overline{T}_2^{II}$. Sowohl von x_1^{II} als auch von x_2^{II} kann dann mehr produziert werden. Besonders begünstigt wird das kapitalintensive Gut x_1^{II}. Je nach dem Ausmaß der Kapitalbewegungen kann somit ein komparativer Vorteil (Nachteil) bei der Erzeugung eines Gutes $x_2^{II}\left(x_1^{II}\right)$ in einen komparativen Nachteil (Vorteil) umgewandelt werden (Vgl. Figur 3).

Dies ist nur eine Komponente für einen komparativen Vorteil (Nachteil). Diese Argumentation gilt also nur ceteris paribus. Es müßten ferner die Nachfragebedingungen berücksichtigt werden.

2. Indirekte Wirkungen

Die wahrscheinliche Änderung der Produktionsmöglichkeiten infolge der Kapitalbewegungen von I nach II wird noch deutlicher, wenn man annimmt, daß mit der Kapitalübertragung ein technischer Fortschritt verbunden ist.

Bei neutralem technischen Fortschritt sowohl in der Produktion von x_1^{II} als auch von x_2^{II} wird die Produktionsmöglichkeitenkurve (Figur 3) $T_2^{II} \overline{T}_2^{II}$ um einen konstanten Prozentsatz, der durch das Ausmaß des technischen Fortschritts bestimmt wird, nach Nordosten verschoben: $T_3^{II} \overline{T}_3^{II}$. Neutraler technischer Fortschritt in der Produktion von x_1^{II} wird die Transformationskurve ebenfalls nach Nordosten verschieben. Der Schnittpunkt der x_2^{II}-Achse bleibt aber gleich T_2^{II}; dagegen wandert $\overline{T}_2^{II}$ nach $\overline{T}_4^{II}$. Das folgt unmittelbar aus den Produktionsmöglichkeiten bei vollkommener Spezialisierung. Entsprechend wird bei neutralem technischen Fortschritt in der Produktion von x_2^{II}, T_2^{II} nach T_4^{II} wandern und $\overline{T}_2^{II}$ konstant bleiben.

Ob dies eine Wohlstandsvermehrung für II bedeutet, hängt u. a. davon ab, ob mit der Mehrproduktion von x_2^{II} nicht ein Verlust bei der Produktion von x_1^{II} verbunden ist. Oben ist jedoch vorausgesetzt, daß private und volkswirtschaftliche Kosten gleich sind. Dann steigt der Wohlstand auf jeden Fall.

Bei kapitalsparendem technischen Fortschritt (im Sinne von Hicks) in der Produktion des bisher kapitalintensiven Gutes x_2^{II}, das vor Einsetzen des Kapitaltransfers einen komparativen Nachteil hatte, kann dieses Gut nach dem Kapitalimport infolge des kapitalsparenden technischen Fortschritts arbeitsintensiv werden. Die Folge dieses technischen Fortschritts ist dann wieder eine Erhöhung der Produktionsmöglichkeiten. Die neue Transformationskurve nach der Kapitalübertragung wird die neuen Angebotsbedingungen bestimmen.

2. Kapitel: Integration und Kapitalbewegungen

Je nach der Größe des Handelsbilanzsaldos, der ja grundsätzlich mit einem Kapitaltransfer verbunden ist, werden auch die Terms of Trade beeinflußt. Da im Zweiländer-Fall die Veränderung des realen Austauschverhältnisses von I gleich der Veränderung von II (mit negativem Vorzeichen) sein muß, ist der Nettoeffekt, sofern der Gesamtwohlstand der Wirtschaftsunion betrachtet wird, null. Über diese Veränderungen bei mehreren Ländern und vor allem zwischen der Wirtschaftsunion und den Drittländern lassen sich keine generellen Aussagen machen.

Der bisherigen Analyse liegt implizite zugrunde, daß — entsprechend der klassischen Theorie der komparativen Kosten — nur Konsumgüter international gehandelt werden. Das bedeutet eine zusätzliche Vereinfachung der Wirklichkeit, die leicht aufgegeben werden kann: Die Produktionsmöglichkeiten sind in hohem Maße abhängig von den importierten Kapitalgütern[48].

Folgendes Beispiel mag dies verdeutlichen (Figur 4): $T_1^{II}\,\overline{T}_1^{II}$ sei die Transformationskurve von II; $P_1^{II}\,\overline{P}_1^{II}$ die Preislinie. Der Optimalpunkt M kann dann als ein relatives Optimum betrachtet werden, das nur dann zum absoluten Optimum wird, wenn es den Produktionspunkt zweier Konsumgüter x_1^{II} und x_2^{II} repräsentiert, die ausschließlich aus heimischen Ressourcen produziert werden müssen. Ist Land II dagegen bereit, einen Teil seiner Kapitalgüter, die für die Automobilproduktion benötigt werden $\left(\overline{x}_1^{II}\right)$ zu exportieren und dafür eine Menge Kapitalgüter zu importieren, die für die Produktion von Teppichen notwendig sind $\left(\overline{x}_2^{II}\right)$, so kann es eine höhere absolute Transformationskurve erreichen: $T_2^{II}\,\overline{T}_2^{II}$. Q ist dann sicherlich M vorzuziehen, und zwar dann, wenn mit konstantem realem Austauschverhältnis (= ausgeglichene Handelsbilanz) argumentiert wird. Im Handelsaustausch mit I kann II Produktionspunkte realisieren, in denen die eingangs dargestellte Bedingung einer Wohlstandserhöhung erfüllt ist.

Geometrisch kann $T_2^{II}\,\overline{T}_2^{II}$ als Umhüllungskurve betrachtet werden, die alle $\Pi^{II}\,\overline{\Pi}^{II}$-Kurven tangiert. Die Steigung dieser $\Pi^{II}\,\overline{\Pi}^{II}$-Kurven (Transformationskurven für Kapitalgüter) wird bestimmt von den Transformationsraten (der Produktivität eines Kapitalguts) und den relativen Preisen der international gehandelten Kapitalgüter.

Impliziert ist dieselbe Idee wie bei gewöhnlichen Transformationskurven zwischen Konsumgütern. Im Falle der Produktionsgüter gilt analog: Je mehr Güter x_2^{II} für eine Einheit x_1^{II} von I erhältlich sind, desto steiler verläuft diese physische Transformationskurve, d. h. desto

---

[48] Vgl. G. *Haberler*, Some Problems in the Pure Theory of International Trade, a. a. O., S. 223 ff. B. *Linder*, An Essay on Trade and Transformation, Stockholm, 1961, S. 24 ff.

A. Kapitalbewegungen zwischen stationären Volkswirtschaften 65

größer ist die Grenzrate der Transformation von x_1^{II} durch x_2^{II}, oder anders formuliert: Diese Transformationskurven verlaufen um so stei-

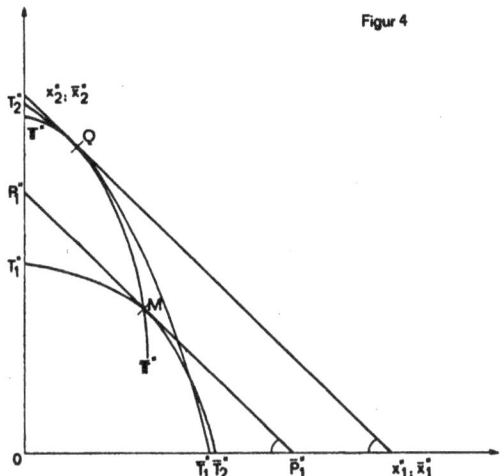

ler, je mehr x_2^{II}-Einheiten mit einer Einheit $\overline{x}_2^{II}$ erzeugt werden können und je höher der relative Preis von $\overline{x}_1^{II}$ ist; denn je produktiver das Kapitalgut $\overline{x}_2^{II}$ ist, desto mehr Güter x_2^{II} können produziert werden.

Geometrisch bedeutet das, daß der Abstand zwischen T_2^{II} und 0 um so größer wird. $T_2^{II}\,\overline{T}_2^{II}$ muß also nordöstlicher liegen als $T_1^{II}\,\overline{T}_1^{II}$ solange ein Land einen komparativen Vorteil bzw. Nachteil in der Erzeugung eines Kapitalgutes hat. Grafisch bedeutet das wiederum, daß $\Pi^{II}\overline{\Pi}^{II}$-Kurven steiler verlaufen als $T_1^{II}\,\overline{T}_1^{II}$ und sie deshalb in allen Punkten außer T und $\overline{T}$ schneiden.

Nur, wenn die $\Pi^{II}\,\overline{\Pi}^{II}$-Kurve mit der Preislinie $P_1^{II}\,\overline{P}_1^{II}$ und der Transformationskurve koinzidiert, bringt ein weiterer Handel in Kapitalgütern keinen Vorteil mehr. Dieser Spezialfall liegt also der traditionellen Theorie der komparativen Kosten zugrunde. Kapitalbewegungen, die zu Kapitalgüterimporten führen, können aber die Produktionsmöglichkeiten des Kapitalimportlandes beträchtlich erweitern.

Besteht eine heterogene Marktstruktur, so wird nicht auf der Transformationskurve $T_2^{II}\,\overline{T}_2^{II}$ (Figur 4), sondern irgendwo in dem Bereich, der von den Koordinaten und der $T_2^{II}\,\overline{T}_2^{II}$-Kurve eingeschlossen wird, produziert. Führt so der Realtransfer zu einer Homogenisierung

5 Schleicher

bestehender heterogener Marktstrukturen, wird damit eine Ausdehnung der tatsächlichen Produktion verbunden sein, die ebenfalls zu einer Wohlstandsvermehrung beitragen kann. Produktionsstarrheiten (Limitationalität der Produktionsprozesse), Inflexibilität der Faktorpreise und mangelnde Substituierbarkeit führen dagegen zu Wohlstandsverlusten infolge Unterbeschäftigung[49] und Nicht-Realisierung der Vorteile aus dem Handel zwischen I und II.

C. Zusammenfassung

Das Ziel jeder wirtschaftlichen Integration ist die Steigerung des Wohlstandes der Mitglieder über eine Ausdehnung der Produktion und des Handels. Die Theorie der wirtschaftlichen Integration unterscheidet zwischen verschiedenen Stufen der Integration: der Zollunion, der Freihandelszone, dem Gemeinsamen Markt, der Wirtschaftsunion und der völligen Integration.

Die theoretische Analyse zeigt, daß, bei Bedingungen des Zweitbesten, die Form der Wirtschaftsunion den höchsten Wohlstand — bei grundsätzlicher Respektion nationaler Souveränität — für die Unionsmitglieder insgesamt garantiert. Unter der Annahme realistischer Bedingungen ist die Liberalisierung der Kapitalbewegungen notwendig für ein Wohlstandsmaximum der Unionsmitglieder. Daneben sind bei diskreten Veränderungen wirtschaftlicher Größen wirtschaftspolitische Maßnahmen zu ergreifen, die Kapitalbewegungen ermutigen, und die aktuelle Finanz-, Redistributions-, Konjunktur- und Raumpolitik so zu harmonisieren, daß unökonomische Kapitalbewegungen und damit Wohlstandseinbußen vermieden werden.

Die Erweiterung der Analyse auf evolutorische Volkswirtschaften zeigt neben dem Reallokationseffekt bei stationären Verhältnissen den eigentlichen Wachstumseffekt, der sich in einer Verschiebung der Produktionsmöglichkeitenkurve nach Nordosten darstellen läßt. Die semi-dynamische Produktivitätstheorie, angewandt auf internationale Kapitalbewegungen, läßt weitere wohlstandssteigernde Wirkungen erkennen, die um so größer sind, je faktorsparender der mit dem Kapitaltransfer verbundene technische Fortschritt ist und je mehr der Realtransfer aus Kapitalgütern besteht.

---

[49] Vgl. H. *Giersch*, Allgemeine Wirtschaftspolitik, Erster Band, Wiesbaden, 1960, S. 129 ff.

Appendix zu Kapitel II:

Strenge Faktorintensitätsannahme

Die Ergebnisse aus A I 2 d lassen sich mittels der empirisch getesteten homohypallagischen Produktionsfunktion von Arrow, Chenery, Minhas und Solow strenger formulieren. Ausgangspunkt sind dabei die empirischen Untersuchungen über komparative Produktionsfunktionen in verschiedenen Ländern. Danach wurde gefunden, daß die Substitutionselastizität (δ_i) wohl in verschiedenen Industrien (i, j) unterschiedlich ist, nicht aber zwischen denselben Industrien in verschiedenen Ländern[50].

Nur eine Substitutionselastizität von null (fixe Produktionskoeffizienten; Leontief-Produktionsfunktion) läßt die ursprünglich bestehenden Faktorintensitäten bei Faktorpreisschwankungen ex definitione unverändert und entspricht so den Voraussetzungen des Faktorpreisausgleichs. In diesem spezifischen Falle, der auf kurze Frist durchaus realistisch sein mag, hat das relative Preisverhältnis der Faktorpreise keinerlei Einfluß auf die Faktorintensität der Produktion eines bestimmten Gutes. Anders ist es bei einer Substitutionselastizität $0 < \delta_i < |1|$ und $|1| < \delta_i$, wie aus den folgenden Ausführungen hervorgeht.

Die CES-Produktionsfunktion habe die Form:

$$V_i = [A_i K^{-\beta_i} + \alpha_i L^{-\beta_i}]^{-1/\beta_i}$$

wobei V_i gleich der Wertschöpfung in Industrie i ist. K und L

---

[50] Dagegen bestehen Unterschiede im Effizienzparameter (γ) einer bestimmten Kombination von Arbeit und Kapital in verschiedenen Ländern. Vgl. K. J. *Arrow*, H. B. *Chenery*, B. S. *Minhas*, R. M. *Solow*, Capital-Labour Substitution and Economic Efficiency, S. 230 ff. B. S. *Minhas*, The Homohypallagic Production Function, S. 154 ff. Derselbe, An International Comparison of Factor Cost and Factor Use, Amsterdam, 1963. Diese Divergenzen werden im folgenden nicht berücksichtigt; vielmehr wird angenommen, daß die Effizienzparameter für spezifische Industrien in jedem Land gleich groß sind. Für den nicht behandelten Fall

$$\gamma_i^I / \gamma_j^I \neq \gamma_i^{II} / \gamma_j^{II}$$

ist leicht einzusehen, daß das Heckscher-Ohlinsche Theorem nicht mehr zu stimmen braucht; das kapitalintensive Gut kann im kapitalarmen Land einen komparativen Vorteil aufweisen, das arbeitsintensive im arbeitsarmen Land. Vgl. B. S. *Minhas*, The Homohypallagic ..., S. 155.

stehen für Kapital und Arbeit; A_i, α_i und β_i sind Parameter. Die Substitutionselastizität δ_i ist gleich folgendem Ausdruck: $1/(\beta_i + 1)$.

Wegen der vollkommenen Konkurrenz auf Faktor- und Gütermärkten kann für die relative Kapitalintensität bei der Produktion zweier Güter x_{i1} und x_{j2} in Industrie i und j folgendes Verhältnis abgeleitet werden[51]: Die partiellen Ableitungen nach K und L ergeben

$$r = \frac{\delta V_i}{\delta K} = A_i \left(\frac{V}{K}\right)^{\beta_i + 1} \text{ und } l = \frac{\delta V_i}{\delta L} = \alpha_i \left(\frac{V}{L}\right)^{\beta_i + 1}.$$

Das Verhältnis der Faktorpreise ist demnach:

$$\frac{l}{r} = \frac{\alpha_i}{A_i} \left(\frac{K}{L}\right)^{\beta_i + 1}$$

oder als Verhältnis der eingesetzten Faktoren ausgedrückt:

$$\left(\frac{K}{L}\right)_i = \frac{A_i}{\alpha_i} \left(\frac{l}{r}\right)^{\frac{1}{\beta_i + 1}}$$

wobei $1/(\beta_i + 1)$ die Substitutionselastizität ist. Setzt man dafür δ_i, dann gilt:

$$\left(\frac{K}{L}\right)_i = \frac{A_i}{\alpha_i} \left(\frac{l}{r}\right)^{\delta_i}$$

Dieselbe Beziehung gilt natürlich für Industrie j. Für die relative Kapitalintensität in der Produktion von x_1 und x_2 gilt dann:

$$\frac{x_1}{x_2} = J \left(\frac{l}{r}\right)^{\delta_i - \delta_j}$$

wobei

$$J = \frac{\left(\frac{A_i}{\alpha_i}\right)^{\delta_i}}{\left(\frac{A_j}{\alpha_j}\right)^{\delta_j}}.$$

Daraus ist sofort ersichtlich, daß die relative Faktorintensität von x_1 und x_2 von dem Verhältnis der Faktorpreise l und r nur für $\delta_i = \delta_j$ unabhängig ist.

Diese Bedingung ist aber sinnvollerweise nur erfüllt für $\delta_i = \delta_j = 0$ (Leontief-Produktionsfunktion) und $\delta_i = \delta_j = 1$ (Cobb-Douglas-Produktionsfunktion). Für $\delta_1 \neq \delta_2$ jedoch — eine Möglichkeit, welche die CES-Produktionsfunktion explizit umfaßt — können sich die Faktorintensitäten ($K/L = l/r$) bei einem kritischen Wert des Faktorpreis-

---

[51] Vgl. die Ableitung bei B. S. *Minhas*, a. a. O., S. 141.

verhältnisses umkehren[52]. Aus einer konstanten Substitionselastizität, verschieden von eins, folgt ja, daß Änderungen des Faktorpreisverhältnisses nicht eine entsprechend große Änderung der Faktoreinsatzverhältnisse bewirken. Ab einem kritischen Punkt können so bisher kapitalintensive Prozesse in arbeitsintensive und vice versa umschlagen.

Nennen wir diesen kritischen Punkt $\delta+$, so ließe sich weiter grafisch und algebraisch zeigen, daß eine Umkehrung der Faktorintensitäten in der Produktion der zwei international gehandelten Güter ein und dasselbe Warenpreisverhältnis konsistent mit verschiedenen Faktorpreisverhältnissen macht, und zwar mit je einem Faktorpreisverhältnis auf beiden Seiten von Punkt $\delta+$.

Dies ist intuitiv wieder leicht zu verstehen. Auf beiden Seiten von $\delta+$ wird der intensiv verwendete Faktor der billigere sein. Ein Umschlagen der Intensität kann also durchaus bewirken, daß das Gesamtkosten- und damit das Preisverhältnis invariant bleibt. Daraus folgt aber, daß die Übereinstimmung der Güter-Preisverhältnisse in beiden Ländern nicht immer auch jenes der Faktorpeise in beiden Ländern garantiert[53].

---

[52] Diese Ergebnisse sind nur dann bedeutungsvoll, wenn sich die Faktorintensitäten innerhalb der empirisch beobachtbaren Faktorpreisunterschiede umkehren. Die empirische Relevanz dieser Möglichkeiten wurde ebenfalls von *Minhas* nachgewiesen. A. a.O., S. 143 ff.

[53] Vgl. B. S. *Minhas*, a. a. O., S. 149 ff.

Drittes Kapitel

Integration und Kapitalbildung

Wir wissen jetzt: Kapitalbewegungen erhöhen in einer Wirtschaftsunion den Wohlstand der Unionsmitglieder unter utopischen Marginalbedingungen immer; bei Bedingungen des Zweitbesten und diskreten Veränderungen bestimmter wirtschaftlicher Größen nur in gewissen Fällen. Diese Wohlstandswirkungen aus der Reallokation der Ressourcen und dem daraus resultierenden eigentlichen Wachstum können praktisch nur mittels Investitionsänderungen realisiert werden.

Um die Rolle von Kapitaltransfers im Integrationsprozeß genauer zu lokalisieren, muß deshalb die nächste Frage beantwortet werden: Wie beeinflußt die wirtschaftliche Integration mehrerer Volkswirtschaften zu einer Wirtschaftsunion möglicherweise das Investitionsvolumen und die Investitionsstruktur der Mitglieder?

A. Ausgangspunkt

Die wichtigsten ökonomischen Determinanten privater Nettoinvestitionen sind: (1) die Investitionsneigung und (2) die Investitionsmöglichkeiten. Folgende wichtigen ökonomischen Determinanten wirken u. a. auf die Investitionsneigung: (1. 2) der Zins; (1. 2) das Wachstum des Sozialproduktes; (1. 3) das Gewinniveau; und (1. 4) das einmalige Auftreten bestimmter Faktoren. Diese Determinanten gelten sowohl für die inländischen wie für die ausländischen Investitionen.

Die Investitionsmöglichkeiten sind weitgehend abhängig von der inländischen Sparneigung und der Verfügbarkeit über ausländische Ersparnisse; d. h. von den in- und ausländischen Ersparnissen (2. 1) Privater, (2. 2) den Ersparnissen der Kapitalsammelstellen, (2. 3) den Bankkrediten für Investitionen, und (2.4) der Geldpolitik der Zentralbanken.

Bei öffentlichen Investitionen in das Erwerbskapital gelten ähnliche Voraussetzungen. Öffentliche Investitionen in das Sozialkapital sind dagegen oft von historisch-relativen Gegebenheiten abhängig. Die jeweiligen parlamentarischen und außerparlamentarischen Machtverhältnisse werden dabei innerhalb eines gegebenen Spielraums letztlich entscheidend sein.

Nicht allen Investitionen kommt — wenn überhaupt — ein gleich großer Kapazitätseffekt zu. Die größte potentielle Wachstumswirkung haben im allgemeinen Investitionen in Maschinen und Ausrüstungen. Für das Wachstum innerhalb des integrierten Gebietes wird deshalb entscheidend sein, in welchen Sektoren der Volkswirtschaften die Reallokations- und Wachstumswirkungen eine verstärkte Investitionstätigkeit auslösen.

B. Wirtschaftsunion und Investitionen

Obwohl kaum wissenschaftliche Meinungsverschiedenheiten über eine Interdependenz zwischen einer Zunahme des internationalen Handels und einer zunehmenden Investitionstätigkeit — mindestens in längerer Frist — bestehen[1], müssen trotzdem die möglichen Ursachen für eine integrationsinduzierte (zusätzliche) Steigerung des Investitionsvolumens und einer Änderung der Investitionsstruktur eingehender dargestellt werden. Solche theoretischen Überlegungen müssen aber rein theoretische Aussagen bleiben, da es jeweils eine Tatfrage ist, wie ein Integrationsprojekt auf diese Größen einwirkt.

I. Reallokation

Alle in Kapitel I, B genannten Integrationswirkungen können die Ursachen für eine Veränderung der Investitionsstruktur und des Investitionsvolumens via einer Beeinflussung der Investitionsneigung, der Investitionsmöglichkeiten und der Notwendigkeit zunehmender oder veränderter öffentlicher Investitionen in das Sozialkapital sein.

In erster Linie werden die Reallokationswirkungen (Übergangsschwierigkeiten) die Investitionsstruktur beeinflussen. Die Reallokationswirkungen sind — neben der Handelsverzerrung im Verkehr mit Nichtmitgliedern — diejenigen Integrationswirkungen, die für bisher zollgeschützte Industrien u. U. über deren weitere Existenz entscheiden können. Diese Tatsache ist besonders wichtig für noch weniger industrialisierte Gebiete im integrierten Raum. Für solche Regionen können die Übergangsschwierigkeiten zu Übergangsunmöglichkeiten werden. Damit wird auch diesen Gebieten meist eine Verlängerung der Übergangszeit von der Zollautonomie zum gemeinsamen Außenzoll zugebilligt und direkte staatliche Finanzhilfe gewährt[2].

---

[1] „The extension of trade and of investment go hand in hand. This is a commonplace which is taken for granted in most integration projects and which we shall not call in question." H. O. *Lundstroem*, a. a. O., S. 70.
[2] Siehe H. O. *Lundstroem*, a. a. O., S. 79 ff. N. S. *Buchanan* and H. S. *Ellis*, Approaches to Economic Development, New York, 1955, S. 407.

Dabei kann allein durch eine Umleitung der vorhandenen Finanzierungsmittel eine Beschleunigung des wirtschaftlichen Wachstums erzielt werden[3], durch eine einmalige Erhöhung des Wachstumspfades, oder durch eine Erhöhung der Wachstumsrate.

Bei einer Nettoinvestition von null — dies ist eine recht unwahrscheinliche Annahme, wenn man an die Wachstumschancen eines integrierten Marktes denkt — wird sich dann die Investitionsstruktur ändern via einer Verlagerung der Reinvestition von kontrahierenden zu expandierenden Industrien und so möglicherweise die Produktion effizienter gestalten[4].

II. Expansion

Die Reallokationswirkungen entsprechen mehr einer statischen und eher kürzerfristigen Betrachtungsweise. Längerfristig müssen auch die Wachstumswirkungen berücksichtigt werden.

Die zusätzliche Nachfrage für Produkte der billigsten Anbieter innerhalb der Union kann anfänglich durch eine totale Kapazitätsausnützung möglicherweise aufgefangen werden (positive Produktionswirkungen). Dieser Angebotsausweitung werden in längerer Frist der Mangel an Facharbeitern, soziale Faktoren und schließlich die Betriebskapazität eine Grenze setzen. Es müssen dann Neuinvestitionen durchgeführt werden[5].

1. Investitionsneigung

Auf die Investitionsneigung infolge höherer Profit- und Unternehmergewinnerwartungen wirken ganz allgemein der vergrößerte Markt mit seinen erhöhten Absatzchancen, den internen und externen Wirkungen, dem vermehrten Wettbewerb und dem damit verbundenen technischen Fortschritt, abnehmendes Risiko und Unsicherheit.

Da für solche Güter, deren Produktion degressive Kosten aufweist, die Einkommenselastizität größer als eins ist, wird — bei einem be-

---

[3] Es muß betont werden, daß diese Argumentation nur für Staaten mit ungefähr demselben Entwicklungsniveau gilt. Siehe dazu, G. *Myrdal*, Economic Theory and Underdeveloped Regions, London, 1957. H. O. *Lundstroem*, a. a. O., S. 55 ff.

[4] Vgl. H. CH. *Binswanger*, Allgemeine Theorie der Integration, S. 317 ff.

[5] Es ist recht unwahrscheinlich, daß sich nach Bildung der Wirtschaftsunion eine länger dauernde Rezession infolge der Übergangsschwierigkeiten einstellen wird. Es ist eher wahrscheinlich, daß Akzeleratorwirkungen auftreten. Vgl. CH. P. *Kindleberger*, European Economic Integration, in: Money, Trade and Economic Growth. Essays in Honour of J. H. *Williams*, New York, 1951, S. 65 ff. A. *Mahr*, International Economic Integration and Prosperity, Economia Internazionale, 8 (1955), S. 61 ff.

stimmten Sozialprodukt — der Markt für diese Güter überproportional zum Pro-Kopfeinkommen wachsen. Eine Vergrößerung des Marktes durch die Integration von bisher nationalen Märkten wird also zu einer überproportionalen Zunahme potentieller Absatzmärkte für bestimmte Exportgüter führen[6].

Die bisherigen Integrationserfahrungen in der Europäischen Wirtschaftsgemeinschaft haben gezeigt, daß in einem vergrößerten Markt in bestimmten Industrien interne und externe Ersparnisse verwirklicht werden können, d. h. Möglichkeiten zu Kosteneinsparungen bei größeren Produktionsserien bzw. größere privatwirtschaftliche Rentabilität infolge eines Unterschieds zwischen privaten und sozialen Kosten: also ein höheres privates Produkt erzielt werden kann. Diese privaten externen Effekte können innerhalb des Marktmechanismus oder außerhalb wirken[7]. Alle Arten der inner- und außerbetrieblichen Ersparnisse resultieren bei konstanten übrigen Kosten in einer Erhöhung der Unternehmergewinne, also auf Dauer in einer erhöhten Investitionsneigung.

Die Expansion bestimmter Industrien — anfänglich werden es Exportgüterindustrien sein — wirkt wieder kumulativ auf andere Industrien stimulierend; denn sie treten als Nachfrager auf Faktor- und Gütermärkten (Azeleratorwirkungen) auf. Es kommt also zu Dispersionseffekten.

Die Investitionsneigung kann weiterhin durch die technologische Integration positiv beeinflußt werden. Die Erfahrungen in der EWG zeigen hier ebenfalls einen beschleunigten Prozeß. Erfindungen können dann infolge der vermehrten Verwendungsmöglichkeiten eher in technische Neuerungen realisiert werden. Damit ist aber wiederum eine Verminderung des durchschnittlichen Alters und damit eine höhere Durchschnittsproduktivität der maschinellen Anlagen verbunden.

Die Liberalisierung des Kapitalverkehrs kann einen Druck auf überhöhte Zinssätze in Mitgliedsländern ausüben[8]. Insoweit Zinsen ein ins Gewicht fallendes Kostenelement für Investitionen sind, wird bei diesen

---

[6] Zu der Einkommenselastizität bei industriellen Gütern siehe H. B. *Chenery*, Patterns of Industrial Growth, American Economic Review, 50 (1960), S. 624 ff. Es braucht nicht erwähnt zu werden, daß die Beziehung Marktgröße und Wachstum eine reversible ist.

[7] B. *Balassa*, a. a. O., S. 145.

[8] Vgl. die Untersuchung möglicher Integrationswirkungen auf das Kreditgewerbe im Falle Österreichs, W. *Weber*, Das österreichische Kreditgewerbe in der Integration, Wien 1964. — Bei der Interdependenz aller Zinssätze, besonders bei bestehenden Sollzins- und Habenzinsabkommen (im Falle Deutschlands), und der Substitutionskonkurrenz im Aktiv- und Passivgeschäft der Kreditinstitute kann der Diskontsatz in einzelnen Ländern auch alle übrigen Zinssätze beeinflussen. Siehe H. *Schleicher*, Der Wettbewerb im deutschen Kreditgewerbe, Österreichisches Bank-Archiv, 6 (1962), S. 206 ff.

Investitionen die Investitionsneigung via einer Erhöhung der erwarteten Profitrate ebenfalls erhöht.

Kurzfristig wird der Wettbewerb immer in den Fällen zunehmen, wo Produzenten über so viele ungenützte Kapazitäten verfügen, daß sie, nach der Beseitigung der Handelshemmnisse sofort die vermehrte Nachfrage befriedigen können. Auf lange Sicht führen verschiedene Faktoren zu einem erhöhten Wettbewerbsgrad: Der vergrößerte Markt fordert je nach seinen Absatzmöglichkeiten — trotz der Massenproduktion einzelner Unternehmen[9] — zusätzliche Anbieter; die vermehrten Informationsmöglichkeiten erhöhen die Markttransparenz.

Alle diese Faktoren vermehren die Konkurrenzbeziehungen. Dies hat wieder zur Folge, daß bisherige rückständige Industrien rationalisieren müssen, wenn sie im Markt bleiben wollen. Die Rationalisierung besteht wieder in Neuinvestitionen.

Alles in allem erhöht die Integration mehrerer Volkswirtschaften die Investitionsneigung um so mehr, je protektionistischer die Mitglieder vorher waren. Daneben spielen die Präferenzstrukturen, Elastizitätsverhältnisse, Substitutionalitätsverhältnisse, Komplementaritätsverhältnisse und Kostenniveaus eine entscheidende Rolle für die Höhe der Investitionsneigung.

2. Investitionsmöglichkeiten

Interne und externe Wirkungen beeinflussen auch die Investitionsmöglichkeiten; sie können die Selbstfinanzierungsmöglichkeiten erhöhen. Dies mag für kurze Frist gelten. Auf längere Sicht mindert der Wettbewerb die Gewinnbildung und damit die Selbstfinanzierungsmöglichkeiten. Je nach der Nettowirkung wird sich das Eigenkapital der Unternehmen verändern.

Da das Eigenkapital gleichzeitig ein Indiz für die Bonität eines Kreditnehmers ist, werden auch von dieser Seite die Investitionsmöglichkeiten beeinflußt.

Da die Liberalisierung des Kapitalverkehrs[10] einen daraus entstehenden verstärkten Druck auf den Zins und/oder die Bonitätsanforderungen ausübt, kann sich bei bisher noch kreditabhängigen Investi-

---

[9] Das bedeutet keinen Widerspruch; in einem vergrößerten Markt haben für bestimmte Produkte: Eisen, Stahl, Automobile mehrere im Betriebsoptimum produzierende Unternehmen Platz.

[10] Die weitgehende Beseitigung von Risiko und Unsicherheit — wenn in der Wirtschaftsunion eine gemeinsame Fiskal-, Konjunktur- und Sozialpolitik betrieben wird — wird wesentlich zu einer Vermehrung des Kapitalangebots beitragen. Es ist ja denkbar, daß in relativ wohlhabenden Ländern nichtkonsumiertes Einkommen in Sachwerten (wie Grundstücken) angelegt wurde. Schließlich treten nicht nur Wirtschaftssubjekte aus Mitgliedsländern, sondern auch aus Drittländern als Kapitalgeber auf.

tionen[11] die Situation so weit verbessern, daß der Kalkulationszinsfuß etwa den Bonitätsanforderungen entspricht. Damit würden aber die Investitionsmöglichkeiten weiter ansteigen, Investitionen in Verkehrseinrichtungen (Kanäle, Häfen, Eisenbahn), die vor der Integration noch weitgehend wachstumsinduziert waren, also eine relativ geringe Profitrate versprachen, zu hochrentierlichen Erschließungsinvestitionen werden, so daß ihre Kreditabhängigkeit entfällt.

Bei solchen Investitionen in das Sozialkapital, die primär Aufgabe des Staates sind, ist eine gemeinsame Finanzierung möglich, so daß große Investitionsobjekte, die die Finanzierungsmöglichkeiten einer Volkswirtschaft übersteigen, gemeinsam durchgeführt werden können.

Theoretische Überlegungen zur Investitionstätigkeit in einem integrierten Raum ergeben eine wahrscheinliche Zunahme der Investitionstätigkeit sowohl wegen der erhöhten Investitionsneigung als auch wegen der vermehrten Investitionsmöglichkeiten. Solche theoretischen Prognosen bewähren sich aber nur an der ökonomischen Realität. So scheint die bisherige Entwicklung in der Europäischen Wirtschaftsgemeinschaft zu zeigen, daß sich Massenproduktion und vermehrter Wettbewerb nur in wenigen Einzelindustrien durchzusetzen vermögen. Die Integrationswirkung scheint so primär eher in einem vielseitigeren Angebot und in der daraus erwachsenden Substitionskonkurrenz zu liegen.

C. Investition und Wachstum in offenen Volkswirtschaften

Wenigstens zwei verschiedene Auffassungen über die Bedeutung der Investitionen und damit des Sparens gibt es in der Theorie des wirtschaftlichen Wachstums. (1) Die Wachstumsrate der Investitionen bestimmt ausschließlich die Wachstumsrate des Bruttosozialprodukts einer Volkswirtschaft in kürzerer Frist, je nachdem, ob der technische Fortschritt uno actu mit den Investitionen realisiert wird oder nicht, und (2) das Angebot an Arbeitskräften oder allgemein der exogene Faktor ist der entscheidende Engpaß für eine höhere Wachstumsrate[12]. Wie Krelle gezeigt hat, lassen sich bei gegebenen exogenen Faktoren beide Auffassungen vereinbaren, je nachdem, ob man kürzere oder längere Wachstumsperioden untersucht. Für eine empirische Untersuchung ist es notwendig, beide Theorien zu testen, da beide hinsicht-

---

[11] Ist der Kalkulationszinsfuß größer als der landesübliche Zinsfuß, so spricht man von kreditabhängigen Investitionen. Es ist dann die gewünschte Investition größer als die finanziell mögliche. Vgl. E. *Preiser*, Investition und Zins, S. 187 ff.

[12] Vgl. W. *Krelle*, Investition und Wachstum, Jahrbücher für Nationalökonomie und Statistik, 176 (1964), S. 7 ff.

lich der Wirkung von Kapitalbewegungen zu unterschiedlichen Ergebnissen — prima facie — kommen. Wegen der speziellen, nicht unrealistischen Annahmen eines dritten Typus von Wachstumstheorie für eine offene Volkswirtschaft, der Exportbasistheorie, muß auch sie miteinbezogen werden.

I. Im Harrod-Domar-Modell

Es wird häufig angenommen, daß Nettoimporte die Sparquote und damit die Investitionsmöglichkeiten und die Wachstumsrate eines Landes erhöhen. Diese Kausalkette von Annahmen liegt dem Harrod-Domar-Modell zugrunde. Wenn gilt:

I = reale Nettoinvestition
S = Sparvolumen
Y = Volkseinkommen
M = Importe
X = Exporte (exogen gegeben)
b = marginaler Kapitalkoeffizient (konstant)
s = Sparneigung
m = Importneigung
t = Zeitvariable

dann sei die Investitionsfunktion:

$$I = b \frac{dY}{dt} \tag{1}$$

Die Nettoinvestition ist eine Funktion der Veränderungen des Output und vice versa. $\frac{dY}{dt}$ ist der Zuwachs an Kapazität, der bei gleichgewichtigem Wachstum von der Nachfrageentwicklung absorbiert werden muß.

Die Sparfunktion sei:

$$S = sY \tag{2}$$

Wegen der statischen Keynesschen Gleichgewichtsbedingung gilt: $S = I$ oder wegen der Substitution von (2) in (1):

$$sY = b \frac{dY}{dt}. \tag{3}$$

Für eine offene Volkswirtschaft muß Gleichung (3) geändert werden in:

$$(s + m) Y = b \frac{dY}{dt} + X, \tag{4}$$

da nun die Gleichgewichtsbedingung $S + M = I + X$ oder $S - I = X - M$ gilt.

Die Lösung von (4) nach der Wachstumsrate $\frac{1}{Y}\frac{dY}{dt}$ ergibt:

$$\frac{1}{Y}\frac{dY}{dt} = \frac{s+m-\frac{X}{Y}}{b} = g. \tag{5}$$

g ist die gleichgewichtige Wachstumsrate der Volkswirtschaft, die immer genau soviel private Investitionstätigkeit induziert, wie für die Absorption der Ersparnisse notwendig ist.

Aus (5) folgt, je höher die Nettoimportquote $\left(m - \frac{X}{Y}\right)$ ist, desto höher ist die gleichgewichtige Wachstumsrate g. Staaten mit größeren Netto-Importüberschüssen sollten nach diesem Modell höhere Wachstumsraten haben. Ihr Wachstum, soweit es eine Funktion der Nettoinvestitionen ist, wird nicht nur durch inländisches Sparen, sondern auch durch Importe finanziert.

Die Nettoimportquote (m) ist nicht konstant. Um die Wirkungen aus ihrer Veränderung darzustellen, muß die Differentialgleichung (5) nach Y aufgelöst werden. Dabei wird die Wachstumsrate der Exporte als konstant angenommen. Es folgt:

$$Y_t = Y_0 \, e^{a(s+m)t} - \frac{aX_0}{x - a(s+m)} (e^{a(s+m)t} - e^{xt}). \tag{6}$$

$a = \frac{1}{b}$ ist die marginale Kapitalproduktivität. Y_t ist das Niveau des Gleichgewichtseinkommens in Periode t; Y_0 und X_0 sind die Ausgangsniveaus des Einkommens und der Exporte. Eine Veränderung von m wirkt also auf der einen Seite wachstumssteigernd, auf der anderen Seite wachstumshemmend. Die Nettowirkung ist jeweils von den faktischen Daten abhängig.

Aus (5) folgt:

$$g_0 = a\left(s + m - \frac{X_0}{Y_0}\right).$$

g_0 ist die gleichgewichtige Wachstumsrate. Ist die Wachstumsrate der Exporte (x) kleiner als die gleichgewichtige Wachstumsrate, so steigt letztere im Verhältnis zur ersteren. Ist die Wachstumsrate der Exporte größer als die gleichgewichtige Wachstumsrate des Einkommens, so fällt letztere tendenziell. Nur wenn x und g_0 mit derselben Rate wachsen, bleibt g_0 konstant.

II. In der Exportbasis-Theorie

Im vorausgehenden Wachstumsmodell vom Harrod-Domar-Typ war folgende Annahme implizit enthalten: die Ersparnisse plus Importe bilden die obere Grenze für die Wachstumsrate des Einkommens. Diese Annahme scheint für ein einzelnes Land zutreffend. Das heimische Angebot an Produktionsfaktoren, hier speziell Kapital, bestimmt schließlich die Grenze der erreichbaren Wachstumsrate auf kurze Frist. Diese Argumentation setzt offensichtlich eine internationale Immobilität der Produktionsfaktoren voraus.

Bei freien Faktorbewegungen, also liberalisiertem Kapitalimport, verschwindet diese Beschränkung zumindest teilweise. Kapital kann nun dort produktiv verwendet werden, wo es den höchsten Ertrag erzielt. Bei unendlicher Kreditierung der Gläubigerländer ist diesem Kapitalimport und damit einer Steigerung der Investitionstätigkeit und schließlich der Wachstumsrate keine Grenze gesetzt. Eine realistischere Betrachtung zeigt jedoch, daß einmal die Kreditierung Grenzen hat und zum anderen eine relativ zunehmende Investitionstätigkeit schließlich zu abnehmender Grenzeffizienz des Kapitals führt.

Da in einer Wirtschaftsunion ex definitione freie Faktorbewegungen gegeben sind, ist für ein Mitgliedland Kapital wohl kaum der knappe Faktor. Für die Union insgesamt kann jedoch die globale Spartätigkeit eine Grenze für eine Steigerung der Wachstumsrate bilden. Selbst dann ist es aber praktisch meist möglich, von Drittländern Kapital zu importieren, wie dies ja im Falle der EWG tatsächlich durch Kapitalimporte aus den Vereinigten Staaten insbesondere geschieht.

Solche Überlegungen liegen der Exportbasis-Theorie zugrunde. Danach wird das Wachstum eines Landes vom Wachstum seiner Exportindustrien bestimmt[13]. Diese Theorie beansprucht einigen Erklärungswert, wie z. B. ein Blick auf die nachkriegsdeutschen Export- und Wachstumszyklen zeigt.

Im Sinne eines sustentativen Exports, in Anlehnung an Preisers sustentativen Kapitalexport, ist diese Theorie ebenfalls gültig: Eine Erhöhung der Exporte in Zeiten der Unterbeschäftigung hat Multiplikatorwirkung, wenn der Mehrexport nur relativ groß genug ist. Damit ist der Charakter der Exportbasistheorie eher der einer Konjunktur- als einer Wachstumstheorie.

In welcher Beziehung stehen nun diese Ergebnisse zu den oben dargestellten. Nach Harrod-Domar ist das Wachstum des Einkommens um so höher, je höher die Nettoimportquote ist. Nach der Exportbasis-Theorie ist die Wachstumsrate des Einkommens um so höher, je höher die Exportquote ist. Wie sind diese scheinbaren Gegensätze zu erklären?

Das Harrod-Domar-Modell hat eine Angebots- und Nachfrageseite. Bei gegebener Nachfrage kann das Angebot nur bei entsprechender

---

[13] Vgl. beispielsweise Ch. M. *Tiebout*, Exports and Regional Economic Growth, Journal of Political Economy, 64 (1956), S. 160 ff.

Verlagerung der Nachfrage vom Inland ins Ausland, also durch gesteigerte Importe erhöht werden. Diese Importnachfrage hat dieselbe Wirkung, soweit es die Nachfrage betrifft, wie eine Erhöhung der heimischen Sparquote. Umgekehrt kann die gleichgewichtige Wachstumsrate bei gegebenem Angebot nur durch eine Erhöhung der Auslandsnachfrage, also vermehrten Exporten, gesteigert werden. Es sind also einmal die Angebots- und zum anderen die Nachfragebedingungen, die als Schwerpunkte in den beiden Theorien aufscheinen.

Auch die Exportbasis-Theorie impliziert liberale Faktorbewegungen zwischen Ländern. In diesem Falle ist nicht das Angebot an Ersparnissen, sondern allein die Entwicklung der Nachfrage entscheidend für die Höhe der Wachstumsrate. Eine Erhöhung der Exporte kann so automatisch zu einer Zunahme der Kapitalimporte führen. Die Tatsache also, daß Länder mit Importüberschüssen höhere Wachstumsraten haben, ist somit nicht inkonsistent mit der Exportbasis-Theorie; denn diese impliziert kein Vollbeschäftigungsgleichgewicht, sondern ein bestehendes Ungleichgewicht oder aber ein Gleichgewicht bei Unterbeschäftigung. Beide Theorien sind deshalb eher komplementär als konträr aufzufassen.

III. In einem neoklassischen Wachstumsmodell

Es ist allgemein bekannt, daß Modelle vom Harrod-Domar-Typ vollkommen ausgenützte Kapazitäten implizieren. Die Wachstumsrate ist dann im Gleichgewicht gerade so groß, daß das Angebot an Arbeit vollbeschäftigt werden kann. Die faktische Wachstumsrate braucht aber nicht gleich der eben definierten angemessenen zu sein. Dann aber können sich Ungleichgewichte verschiedener Art ergeben, so z. B. Arbeitslosigkeit. Diese Ungleichgewichte führen wiederum zu kumulativen Prozessen vom Gleichgewicht weg, weil die Substitutionselastizität zwischen den Faktoren in dieser Art von Modellen als null angenommen wird. Die Substitution hat aber in der Wirklichkeit eine große Bedeutung. Der Begriff der Substutionalität muß für eine spezielle empirische Untersuchung deshalb operational abgegrenzt werden.

Wird im Rahmen einer Produktionsfunktion ein Faktor durch einen anderen ersetzt, so spricht man von Substituierbarkeit eines Faktors durch einen anderen. Wird ein Faktor, der in einer Unternehmung, Industrie, Region oder Land beschäftigt ist, in einer anderen Unternehmung, Industrie etc. beschäftigt, so spricht man im allgemeinen von der Mobilität eines Faktors.

Bei Substituierbarkeit ist wieder zu unterscheiden zwischen intra- und interfaktorieller Substituierbarkeit. Wenn nur alle Faktoren eng genug definiert sind, ist jede Faktorsubstitution interfaktoriell. In neoklassischen Modellen mit nur zwei homogenen Faktoren Kapital und Arbeit tritt intrafaktorielle Arbeitslosigkeit — in der ökonomischen Aktualität oft die wichtigste Art von Arbeitslosigkeit — gar nicht auf.

Eine weitere wichtige Unterscheidung ist jene zwischen intersektoralen und interregionalen Kapitalbewegungen. Erstere entsteht aus Veränderungen des Geschmacks oder der Technologie und einer Nachfrageverschiebung, die dann zu partieller Arbeitslosigkeit führt. Die interregionale Arbeitslosigkeit ist weitgehend eine Folge der Faktorimmobilität von Region zu Region oder von Land zu Land.

Im Gegensatz zu Modellen vom Harrod-Domar-Typ, die eine Substitutionselastizität von null annehmen, ist in den neoklassischen Wachstumsmodellen, soweit ihnen die Cobb-Douglas-Funktion zugrundeliegt, eine Substitutionselastizität von —1 angenommen. Ein weiteres wichtiges Unterscheidungsmerkmal besteht darin, daß eine konstante Sparneigung langfristig keinen hemmenden Einfluß mehr auf den Wachstumspfad hat. Die Änderung der Wachstumsrate wird schließlich vom Wachstum der arbeitsfähigen Bevölkerung und von der Rate des technischen Fortschritts bestimmt.

Aus zwei Gründen scheint es zweckmäßig, die folgenden empirischen Berechnungen anhand eines neoklassischen Wachstumsmodells durchzuführen: (1) umfaßt die diesen Modellen zugrunde liegende Substituierbarkeit auch eine interregionale oder internationale Mobilität der Produktionsfaktoren. Geht man von der Annahme aus, daß die Wirtschaftsunion insgesamt ein ausreichendes Angebot an Kapital hat, so ist die Realisierung der gleichgewichtigen Wachstumsrate nur eine Frage der Kapitalbewegungen zwischen den Unionsmitgliedern, und diese liegt gerade der Definition einer Wirtschaftsunion zugrunde. Eine weitere Rechtfertigung ergibt sich (2) aus dem Untersuchungsziel: Eine eventuell bestehende Misallokation des Faktors Kapital innerhalb der Wirtschaftsunion kann zumindest tendenziell mittels eines Vergleichs zwischen der anhand des Modells errechneten säkularen und der faktischen Investition dargestellt werden.

Es bedeuten:

Y = Volkseinkommen
K = Kapitalstock
L = Beschäftigtenzahl
α = Lohnquote
$1-\alpha$ = Profitquote
T = Rate des technischen Fortschrittes
I_s = saekulare Investition

C. Investition und Wachstum in offenen Volkswirtschaften

Folgende makroökonomische Cobb-Douglas-Produktionsfunktion, welche die Produktionsmöglichkeiten der Mitgliedsländer der Wirtschaftsunion repräsentieren soll, liegt den folgenden Gedanken zugrunde. Wir nehmen an, daß der technische Fortschritt neutral ist, also im selben Maße kapital- und arbeitssparend wirkt. Die linear homogene Produktionsfunktion sei:

$$Y = F(K, L, T) \qquad (1)$$

Das totale Diffenrential von (1) nach der Zeit t dividiert durch Y gibt:

$$\frac{1}{Y}\frac{dY}{dt} = \frac{\delta Y}{\delta K}\frac{K}{Y} \cdot \frac{1}{K}\frac{dK}{dt} + \frac{\delta Y}{\delta L}\frac{L}{Y} \cdot \frac{1}{L}\frac{dL}{dt} + T. \qquad (2)$$

$\alpha = \frac{\delta Y}{\delta L}\frac{L}{Y}$ ist die Lohnquote und deshalb, wegen der linearen Homogenität, $(1-\alpha) = \frac{\delta Y}{\delta K}\frac{K}{Y}$ die Profitquote. Weiter sei T die Rate technischen Fortschritts. Die Substitution dieser Ausdrücke in (2) ergibt

wegen $\quad dY = \frac{dY}{dt}; dK = \frac{dK}{dt}; dL = \frac{dL}{dt}:$

$$\frac{dY}{Y} = (1-\alpha)\frac{dK}{K} + \alpha\frac{dL}{L} + T. \qquad (3)$$

Eine notwendige Gleichgewichtsbedingung ist, daß Zinssätze (Profitraten) in der Wirtschaftsunion für alle Länder gleich sind.
Dann gilt:

$$(1-\alpha) = \frac{\delta Y}{\delta K}\frac{K}{Y} = i\frac{K}{Y}, \qquad (4)$$

wobei i der Zinssatz oder die marginale Kapitalproduktivität ist.
Wenn die Zinsrate nun konstant bleiben soll, und das ist ja die Voraussetzung für einen Gleichgewichtspfad in einem neoklassischen Wachstumsmodell, müssen der Kapitalstock und das Volkseinkommen in der Wirtschaftsunion mit der gleichen Rate wachsen. Es folgt daraus:

$$\frac{dY}{Y} = \frac{dK}{K} \qquad (5)$$

Die Substitution von (5) in (3) ergibt:

$$\frac{dK}{K} = \frac{dY}{Y} = \frac{dL}{L} + \frac{T}{\alpha}. \qquad (6)$$

Aus (6) folgt wegen $I = dK$:

$$I_s = dK = K\left(\frac{dL}{L} + \frac{T}{\alpha}\right). \qquad (7)$$

Dieses Gleichgewichtsniveau der Gesamtinvestition innerhalb der Wirtschaftsunion ist die säkulare Investition. Sie garantiert in allen Ländern Gleichheit der Grenzprodukte. Die Wachstumsrate $\frac{dL}{L} + \frac{T}{\alpha}$

beschreibt einen Gleichgewichtspfad, wo sowohl physische Grenzprodukte als auch Wertgrenzprodukte tendenziell gleich sein müssen.

Nicht-säkulare Investition ist dann als Differenz zwischen faktischer und säkularer Investition definiert. Sie kann positiv oder negativ sein. Während die säkulare Investition das Investitionsniveau anzeigt, das notwendig ist, um (tendenziell) gleiche Wertgrenzprodukte zu haben, weist die nicht-säkulare Investition auf ein Ungleichgewicht hin, das im Verlaufe der Entwicklung der Wirtschaftsunion verschwinden müßte. Nicht-säkulare Investition (oder Desinvestition) besteht also aus jenen relativen Zuwächsen (oder Abnahmen) des Kapitalstocks, die, bei gegebener Veränderung der Beschäftigung und des Kapitalstocks, die Verhältnisse der Grenzprodukte und somit die Wertgrenzprodukte verändern.

Nicht-säkulare Investition kann somit ausgleichend oder störend wirken. Sie wirkt ausgleichend, wenn sie bestehende Einkommensunterschiede mindert, störend, wenn sie neue verursacht oder bestehende vergrößert. Ausgleichende Investitionen sollten in Ländern mit niedrigen Kapitalkoeffizienten, die also eine höhere Grenzeffizienz des Kapitals bieten, vorgenommen werden, um so die bestehenden Einkommensunterschiede zu nivellieren.

Solange Faktorbewegungen ökonomische Ursachen haben, sind internationale Kapitalbewegungen immer ausgleichend. Kapital wird dann in Länder mit höherer Grenzeffizienz des Kapitals übertragen. Ökonomische internationale Kapitalübertragungen sollten so Ertragsunterschiede ausgleichen. Anderseits können Faktorbewegungen, die von anderen als ökonomischen Stimuli initiiert werden, ausgleichend oder störend wirken.

Wenn in einem Unionsland die faktische Investition die (simulierte) säkulare Investition übersteigt, ist die ausgleichende nicht-säkulare Investition negativ. Von einem ökonomischen Standpunkt aus müßte dieses Land desinvestieren. Der gesamtwirtschaftliche Kapitalkoeffizient ist zu groß. Ausgleichende Desinvestition ist eng verwandt mit Kapitalexport. Eine empirische Analyse der Kapitalbewegungen zwischen Ländern einer Wirtschaftsunion muß also folgende Frage zu beantworten suchen[14]: Verändern Kapitalbewegungen die Kapitalkoeffizienten der Mitgliedländer in Richtung eines Ausgleichs oder einer weiteren Divergenz nationaler Einkommensunterschiede? Anders aus-

---

[14] Eine breit angelegte empirische Untersuchung über interregionale Kapitalbewegungen innerhalb der Vereinigten Staaten wurde von J. T. *Romans* durchgeführt. Seine Methode wird weitgehend auf das vorliegende Problem der Kapitalbewegungen innerhalb einer Wirtschaftsunion angewandt. Vgl. J. T. *Romans*, Capital Exports and Growth among U. S. Regions, Middletown (Conn.), 1965.

gedrückt: Verschwindet die nicht-säkulare Investition mit der völligen Freizügigkeit der Kapitalbewegungen?

D. Zusammenfassung

Kapitalbewegungen sind von einem gesamtwirtschaftlichen Wohlstandsaspekt aus gesehen nur sinnvoll, wenn sie von Investitionswünschen dirigiert sind, oder zu solchen führen. Die Integration mehrerer Volkswirtschaften zu einer Wirtschaftsunion beeinflußt sowohl die Investitionsneigung als auch die Investitionsmöglichkeiten der Unternehmen in den Mitgliedstaaten. Unter dem Aspekt des Außenhandels und der Kapitalbewegungen muß man zwischen drei verschiedenen Typen von Wachstumstheorien unterscheiden.

In Modellen vom Harrod-Domar-Typ sind es ausschließlich die Nettoinvestitionen und damit die Ersparnisse bzw. Importe, welche die Wachstumsrate positiv beeinflussen. Diese Schlußfolgerungen gelten bei voll ausgenutzten Kapazitäten.

Bei Ungleichgewichten wie Unterbeschäftigung ist die Exporttätigkeit der zentrale Faktor für eine Wachstumsrate auf höherem Niveau eines Landes.

Schließlich ist es auf sehr lange Sicht in neoklassischen Wachstumsmodellen allein das Wachstum der Arbeit, das über die Höhe des Wirtschaftswachstums entscheidet.

Aus dieser säkularen Wachstumsrate läßt sich die säkulare Investition bestimmen. Der Vergleich zwischen säkularen und faktischen Investitionen der Mitgliedsländer einer Wirtschaftsunion — die Faktoren sind hier ja frei beweglich — läßt Gleichgewichte oder Ungleichgewichte erkennen. Die Entwicklung der nicht-säkularen Investition über mehrere Perioden hinweg zeigt an, ob das wirtschaftliche Gleichgewicht angenähert oder aber ein wirtschaftliches Ungleichgewicht vergrößert wird.

Viertes Kapitel

Einige empirische Fakten

A. Durchführung der empirischen Untersuchung

In den ersten drei Abschnitten werden viele Hypothesen aufgestellt. Soweit Daten vorhanden sind, bietet die Europäische Wirtschaftsgemeinschaft die Möglichkeit, bestimmte Thesen zu testen.

Es sind besonders zwei Fragen, die untersucht werden sollen: (1) Sind die Kapitalbewegungen der sechs EWG-Länder ökonomisch oder nicht; und (3) welche Ursachen haben Kapitalbewegungen und wie ist ihr Zusammenhang mit dem Wirtschaftswachstum des Gläubigerlandes. Daneben ergeben sich weitere Nebenfragen, deren empirische Ergebnisse aufgezeigt werden.

Den Untersuchungen liegt fast ausschließlich ein neoklassisches Wachstumsmodell zugrunde, wobei auch Hypothesen aus dem Harrod-Domar-Modell getestet werden. Wie in Kapitel III, C III erwähnt, bietet sich das neoklassische Wachtumsmodell deshalb an, weil der säkulare Wachstumspfad — nicht ohne gewisse Schwierigkeiten — als Gleichgewichtspfad für die gesamte Wirtschaftsunion angenommen werden kann. Für jedes Mitglied läßt sich dann aus den Daten der nationalen Buchführung die säkulare Investition bestimmen, die mit der faktischen Investition zu vergleichen ist. Eine positive Differenz zeigt eine Unterinvestition, eine negative, eine Überinvestition an. Darauf ist zu untersuchen, ob Kapitalbewegungen in erster Linie eine Folge dieser Unterschiede zwischen säkularer und faktischer Investition sind, oder aber, ob eine heterogene Einkommensverteilung in den Mitgliedstaaten ursächlich ist. Dies führt dann zu der weiteren Frage, ob die Wachstumsrate mit der Höhe des Kapitalexports verbunden ist und welche Beziehung die Höhe des Prokopfeinkommens zur Höhe des Kapitalexports hat.

I. Einschränkende Hinweise

Wie oben kurz erwähnt wurde, ist der neoklassische Wachtumspfad ein Gleichgewichtspfad, der erst dann erreicht ist, wenn das Volkseinkommen und der Kapitalstock mit derselben Rate wachsen.

A. Durchführung der empirischen Untersuchung 85

Wie nun Krelle und andere gezeigt haben, kann es viele Jahrzehnte dauern, bis eine Volkswirtschaft, oder in unserem Falle die Wirtschaftsunion, diesen säkularen Gleichgewichtspfad erreicht hat. Entscheidend ist dabei, ob mit der Kapitalakkumulation uno actu eine Modernisierung des Kapitalstocks verbunden ist, ob also der technische Fortschritt, um mit Solow zu sprechen, „capital embodied" ist. Je mehr der technische Fortschritt induziert ist, desto länger dauert es, bis die Gleichgewichtswachstumsrate erreicht ist; denn die Nettoinvestition wird dann die durch die Wachstumsrate der Beschäftigten bestimmte säkulare Wachstumsrate weiter hinausschieben.

Da nun der größte Teil des technischen Fortschritts von dieser Art zu sein scheint, bleibt es etwas problematisch, ob die folgende Methode eine Berechtigung hat; denn seit der Wirksamkeit der Römer-Verträge im Jahre 1958 sind erst acht Jahre vergangen, wobei detaillierte Statistiken sogar nur für einen kürzeren Zeitabschnitt zugänglich sind. Da das Untersuchungsobjekt, die Kapitalbewegungen zwischen Mitgliedern der Europäischen Wirtschaftsgemeinschaft, so erst eine relativ kurze Zeit existiert, sind die Ergebnisse wahrscheinlich etwas unterbewertet; d. h. die säkulare Wachstumsrate und damit die säkulare Investition wird immer etwas überhöht sein. Auf der anderen Seite werden Kapitalbewegungen eher den ökonomischen Gesetzmäßigkeiten entsprechen, als dies auf Grund der untersuchten Daten den Anschein haben mag.

Eine weitere Schwierigkeit ergibt sich daraus, daß Kapitalex- und -importe nicht nur von und nach EWG-Ländern stattfinden, sondern auch von und nach Drittländern. Da unser Thema nur Kapitalbewegungen zwischen den Sechs umfaßt, sollten alle anderen Kapitalflüsse ausgeschlossen werden. Für den Untersuchungszeitraum waren aber die erforderlichen Daten für die Intra-EWG-Kapitalbewegungen nur für 1 Jahr unvollständig zur Verfügung, so daß die Globaldaten zu verwenden waren. Es kann aber wohl die Hypothese zugrunde gelegt werden, daß alle relevanten Wirkungen, die von Kapitaltransfers ausgehen, proportional ihrer Größe sind, daß also eine zahlenmäßig geringere Kapitalbewegung innerhalb der Sechs die proportional zu ihrer absoluten Größe gleichen Wirkungen hätte, wie eine zahlenmäßig größere aus einem oder in ein Drittland.

II. Hinweise zur Genauigkeit der Daten

Es gibt Ungenauigkeiten, die allen statistischen Daten anhaften[1], besonders jenen aus der Volkseinkommensrechnung. Daneben gibt es

---

[1] Vgl. hierzu O. *Morgenstern*, On the Accuracy of Economic Observations, Princeton, 1950, S. 242 ff.

Ungenauigkeiten, die jeder speziellen Untersuchung anhaften. Wir beschränken uns hier auf Hinweise zu Fehlern der zweiten Art.

Die verwendeten Daten umfassen nur den Zeitraum von 1955 bis 1961 bzw. 1960 insoweit Wachstumsraten verwendet werden. Wenn man bedenkt, daß die EWG aber nur schrittweise entstanden ist, so sind die Ergebnisse unter diesem Vorbehalt zu sehen. Zum anderen werden die totalen Export-Import-Salden und Salden der unentgeldlichen Übertragungen übernommen. Der Untersuchung liegt so eine spezielle Definition des Kapitalbegriffes zugrunde; es kann zum Beispiel nicht unterschieden werden, ob autonome oder induzierte, kurz- oder langfristige, private oder öffentliche Kapitalbewegungen vorliegen. Man nimmt die Güterbewegung, die stattgefunden hat, als Indiz, daß ein Kapitaltransfer in derselben Höhe stattgefunden hat[2].

Die Berechnungen werden zu konstanten Preisen durchgeführt. Schließlich ist auf den Unterschied zwischen faktischer und säkularer Wachstumsrate hinzuweisen. Die Gesamtsumme der EWG-Bruttoinvestitionen mußte keineswegs optimal sein. Sie sollten eher als Bezugspunkt dienen. Verschiedene Daten für Luxemburg, insoweit sie nicht zur Verfügung standen, wurden durch lineare Extrapolation eingeführt.

III. Einige Begriffe aus der Volkseinkommensrechnung

Von der Entstehungsseite her ist das Bruttosozialprodukt zu Marktpreisen (Y_M^B) definiert als die Summe der Löhne, Gehälter (L) und Profite (Π) plus Abschreibungen (R) plus indirekte Steuern (T_{ind}) weniger den Subventionen (Z_{st}). Es gilt also:

$$Y_M^B = L + \Pi + T_{ind} - Z_{st} + R.$$

Daraus erhält man durch Addition der Subventionen und Subtraktion der indirekten Steuern das Bruttosozialprodukt zu Faktorkosten (Y_F^B).

$$Y_F^B = L + \Pi + R.$$

Die Subtraktion der Abschreibungen (R) von dem Bruttosozialprodukt zu Marktpreisen gibt das Nettosozialprodukt zu Marktpreisen (Y_M):

$$Y_M = L + \Pi + T_{ind} - Z_{st}.$$

Schließlich ist das Nettosozialprodukt zu Faktorkosten definiert als:

$$Y_F = L + \Pi.$$

---

[2] Professor *Machlup* hat mich besonders auf dieses Problem hingewiesen, das die Aussagekraft der Ergebnisse sehr einschränkt.

A. Durchführung der empirischen Untersuchung

Subtrahiert man bei den Löhnen (L) und den Gewinnen (Π) die vom Ausland gezahlten Summen L_E bzw. Π_E und addiert die vom Inland an das Ausland gezahlten Summen L_M und Π_M, so erhält man alle von inländischen Wirtschaftseinheiten gezahlten Löhne und Gewinne, das Nettoinlandsprodukt zu Faktorkosten oder Inlandseinkommen Y_F^{inl}:

$$Y_F^{\text{inl}} = Y_F + L_M - L_E + \Pi_M - \Pi_E.$$

Das Inland kann also sowohl Lohneinkommen als auch Gewinne aus dem Ausland beziehen. Auf diese Tatsache ist später noch einmal zurückzukommen.

Von der Verwendungsseite her ist das Bruttosozialprodukt zu Marktpreisen die Summe aus Bruttoinvestitionen (I_B), inländischen Konsumausgaben (C) und Nettoexporten ($X - M$). Es gilt:

$$(X - M) = L + \Pi + T_{ind} - Z_{st} + R - I_B - C.$$

Die private Ersparnis ist gleich der Summe aus Volkseinkommen (Y_F), dem Saldo der privaten Übertragungen des Auslandes an das Inland ohne Gegenwert $\left(U_{pr}^- - U_{pr}^+\right)$, den staatlichen Unterstützungen (U_{st}), vermindert um die direkten Steuern (T_{dir}) und dem privaten Konsum (C_{pr}). Es gilt:

$$S_{pr} = Y_F + U_{st} + U_{pr}^- - T_{dir} - C_{pr} - U_{pr}^+.$$

Die staatliche Ersparnis ist gleich der Summe aus den direkten und indirekten Steuern, dem Saldo der staatlichen unentgeldlichen Übertragungen an das Ausland $\left(U_{st}^- - U_{st}^+\right)$, vermindert um die staatlichen Unterstützungen an Private (U_{st}), Subventionen (Z_{st}) und staatliche Konsumausgaben (C_{st}). Es gilt:

$$S_{st} = T_{dir} + T_{ind} + U_{st}^- - U_{st} - Z_{st} - C_{st} - U_{st}^+.$$

Weiter gilt:

$$K^* = X - M - U_{pr}^+ - U_{st}^+ + U_{pr}^- + U_{st}^-.$$

Die Veränderung der Kredit-, Devisen- und Goldposition K^* des Landes ist gleich der Differenz von Güter- und Leistungsexporten X und Importen M, vermindert um private und staatliche gegenwertlose Übertragungen an das Ausland, und vermehrt um die in entgegengesetzter Richtung fließenden Beträge.

Wie man leicht nachprüfen kann, ergibt sich aus den vorausgehenden Identitäten folgende neue Identität:

$$S_{pr} + S_{st} + R = I_{pr} + I_{st} + K^*.$$

Die Summe der privaten und öffentlichen Ersparnis plus Abschreibungen ist gleich den Bruttoinvestitionen vermehrt um die Veränderung der Kredit-, Devisen- und Goldposition K*.

Das Volkseinkommen besteht aus dem im Inland und dem im Ausland produzierten Teil. Beide Teile bestehen aus Löhnen und Gehältern auf der einen Seite, Profiten auf der anderen Seite. Wie später noch zu zeigen ist, bedeutet es für unsere Untersuchung einen heuristischen Vorteil, das Volkseinkommen in das Einkommen aus ausländischen Investitionen (Y_f) und den Rest des Einkommens aufzuteilen, so daß gilt:

$$Y_F = Y_f + (Y_F - Y_f).$$

Nehmen wir an, daß das gesamte Einkommen aus ausländischen Investitionen gespart wird, so muß die Bruttoersparnis um eben diesen Anteil vermindert werden, um die inländische Bruttoersparnis zu bekommen. Diese Identitäten sind für den weiteren Gang der Untersuchung notwendig[3].

IV. Säkulare und faktische Investition in einem neoklassischen Wachstumsmodell

Die neoklassische Wachstumstheorie gibt unter gewissen Einschränkungen (Unterschiede zwischen säkularer und faktischer Wachstumsrate, Daten erfassen einen Zeitraum, in dem die Faktormobilität tatsächlich noch nicht vollkommen frei ist etc.) ein Instrument, um ein Investitionsgleichgewicht in einem integrierten Raum zu bestimmen. Sind die faktischen Investitionen größer (kleiner) als die säkularen Investitionen in den einzelnen Mitgliedländern, so ist de facto ein Gleichgewicht (noch) nicht gegeben.

Wir verwenden Formel (7) aus C III, Kapitel III.

$$I_s = dK = K \left(\frac{dL}{L} + \frac{T}{\alpha} \right).$$

Es sind:

I_s = säkulare Investition
K = Kapitalstock
L = Beschäftigung
T = Rate des technischen Fortschritts
α = Lohnquote

---

[3] Siehe hierzu besonders W. *Krelle*, Volkswirtschaftliche Gesamtrechnung einschließlich input-output-Analyse mit Zahlen für die Bundesrepublik Deutschland, Berlin, 1959, S. 61 ff.

A. Durchführung der empirischen Untersuchung

Befindet sich das System im Gleichgewicht, so muß die faktische Nettoinvestition gleich der säkularen Investition I_s sein. Die Rate des Wachstums der Beschäftigten und die Rate des technischen Fortschritts dividiert durch die Lohnquote bestimmen, multipliziert mit dem Kapitalstock, die säkulare Investition.

Die Daten über die Entwicklung der Beschäftigung sind relativ leicht zugänglich[4]. Die Wachstumsraten der privaten Beschäftigung insgesamt sind in allen sechs Ländern gestiegen, außer in Belgien, wo sie im Berichtszeitraum mehr oder weniger konstant blieb. Im selben Zeitraum stieg die private nicht-landwirtschaftliche Beschäftigung in allen sechs EWG-Staaten. Den stärksten Zuwachs an privater Beschäftigung hatten Italien und die Bundesrepublik Deutschland zu verzeichnen.

Die Rate des technischen Fortschritts wurde für den Berichtszeitraum für jedes Land und jedes Jahr aus folgender Formel errechnet. Aus (3), Kapitel III, C III ergibt sich die Rate des technischen Fortschritts T:

$$T = \frac{dY}{Y} - (1 - \alpha) \frac{dK}{K} - \alpha \frac{dL}{L}.$$

Der autonome technische Fortschritt ist eine Residualgröße, die man aus der Differenz zwischen faktischer Wachstumsrate des Bruttosozialprodukts und den Wachstumsraten des Kapitalstocks und der Beschäftigung multipliziert mit der Profit- bzw. Lohnquote erhält. Dieser Argumentation zugrunde liegt wieder die Cobb-Douglas-Produktionsfunktion, mit α und $(1 - \alpha)$ als die Lohn- und Profitanteile am Volkseinkommen, oder Sozialprodukt[5].

Bevor T bestimmt werden kann, muß die Größe und das Wachstum des Kapitalstocks festgestellt werden: Das Wachstum des Kapitalstocks kann dem Wachstum der Investitionen gleichgestellt werden. Daraus folgt dann, daß der Kapitalstock zum Zeitpunkt t als ein Vielfaches der Nettoinvestitionen zu diesem Zeitpunkt betrachtet werden kann[6].

Nimmt man die Lohnquote als den Anteil des Lohneinkommens am Volkseinkommen, so ergeben sich teilweise durchschnittliche Raten

---

[4] Vgl. *OECD*, Agriculture and Economic Growth, A report by a group of experts, Paris 1965, S. 106, Table 6.

[5] Die Daten zur Sozialproduktbestimmung wurden den Statistics of National Accounts 1950—1961, *OECD*, Paris 1964, entnommen. Ebenso, Statistics of Balance of Payments, *OECD*, Paris 1964.

[6] Vgl. H. *Frisch*, Zwei Konzepte der Wachstumstheorie und das Wirtschaftswachstum der 50er Jahre, Zeitschrift für Nationalökonomie, 25 (1965), S. 358. Eine andere Möglichkeit besteht in der Summation (Integral) aller Investitionen über eine bestimmte Zeitperiode zu konstanten Preisen.

des technischen Fortschritts (1955—1961), die negativ sind. Bezieht man das Lohneinkommen zum Bruttosozialprodukt, dann ergeben sich entsprechend niedrigere Lohnquoten und ergo eine relativ höhere Rate des technischen Fortschritts. Die Durchschnitte für die Jahre 1955—1961 in den sechs EWG-Staaten sind folgende Zahlen:

Tabelle I

Durchschnittliche Raten des technischen Fortschritts für die sechs EWG-Staaten in Prozenten (1955—1961)

Land	Rate des technischen Fortschritts
Belgien	0,0 a)
Frankreich	3,8
BR Deutschland	3,6
Italien	1,0
Luxemburg	3,6
Niederlande	1,1

a) Für Belgien ergab sich kein positiver technischer Fortschritt. Dies mag eine Folge der verwendeten Methode zur Berechnung des Kapitalstocks sein.

Zieht man die Agrarinvestitionen ab, ebenso die Agrarproduktion, so bekommt man etwas höhere Durchschnittswerte.

Danach lassen sich nun die säkularen Investitionen für jedes Land im Berichtszeitraum errechnen. Wegen der Besonderheit der Untersuchung wählen wir nun eine andere Methode zur Bestimmung des Kapitalstocks; denn wir wollen ja ein (fiktives) Gleichgewicht des Wachstums analysieren.

Das Unternehmereinkommen ergibt sich aus der Verzinsung (Profitrate) des Kapitalstocks, wobei wir von dem Modell des Unternehmerkapitalisten ausgehen, derart, daß die Gesamtinvestitionen der EWG gleich der säkularen Investition der EWG sind. Umgekehrt kann der Kapitalstock als der Quotient aus Unternehmereinkommen und Zinssatz aufgefaßt werden. Eingesetzt gibt:

$$I_s = dK = \frac{\Pi}{i}\left(\frac{dL}{L} + \frac{T}{\alpha}\right),$$

wobei Π das Unternehmereinkommen, i der Kapitalzinssatz sind. Diesen bestimmen wir unter der Nebenbedingung, daß die Summe der faktischen Investitionen pro Jahr in den sechs Mitgliedländern gleich der (gleichgewichtigen) säkularen Investition der Wirtschaftsunion insgesamt ist. Es gilt also:

$$\sum_{j=1}^{6} I_{s_j} = \sum_{j=1}^{6} dK_j = \frac{1}{i}\sum_{j=1}^{6}\Pi_j \sum_{j=1}^{6}\left(\frac{dL_j}{L_j} + \frac{T_j}{\alpha_j}\right).$$

A. Durchführung der empirischen Untersuchung

Dabei sind $j = 1, \ldots, 6$ die Länder. Daraus läßt sich dann für jedes Jahr der unionsinterne, gleichgewichtige Zinssatz errechnen. Die Werte sind für die Jahre 1955—1960 respektive: 9,9; 10,1; 9,8; 10,0; 10,1; und 9,6. Ohne Einbeziehung der Agrarinvestitionen ergeben sich folgende Werte: 12,2; 12,2; 11,9; 12,1; 12,1; 11,5. Der Zinssatz zeigt so eine erstaunliche relative Konstanz.

Wir sind nun in der Lage, für jedes Land die säkulare Investition zu bestimmen. Aus (7) folgt, daß Länder mit hoher Zuwachsrate der Beschäftigten und hoher Rate des technischen Fortschritts eine relativ hohe säkulare Investition haben müssen, Länder mit hoher Lohnquote eine relativ niedrige.

Die säkulare Investition für Belgien weicht sehr stark von der faktischen Investition ab. Dies liegt an der errechneten Rate des technischen Fortschritts von $0,0^0/_0$. Nimmt man nur einen technischen Fortschritt von $0,1^0/_0$ jährlich an, so wächst die säkulare Investition, wie aus Tabelle VI hervorgeht, relativ beträchtlich an.

Aus den Tabellen II und III (und weiter aus IV, V, VII, VIII) lassen sich einige Schlüsse hinsichtlich eines Gleichgewichtes der Kapitalwanderungen der sechs europäischen Länder ziehen. Wenn ein EWG-internes Gleichgewicht in der Allokation der Produktionsfaktoren bestünde, müßten die Arbeiter in jedem Land dasselbe Einkommen erhalten. Dabei nehmen wir an, daß keine regionalen Unterschiede in der Qualität der Arbeit bestehen. Insoweit die Arbeitseinkommen der Mitgliedländer nicht übereinstimmen, besteht eine suboptimale Allokation des Faktors Arbeit.

Nun könnte man dieselbe Argumentation auf die Kapitalerträge anwenden. Die landesüblichen Zinssätze sind aber, wegen ihrer produktivitätsfremden geldpolitischen Beeinflussung nicht brauchbar. Zudem wurden für alle Länder identische Kapitalproduktivitäten bei der Entwicklung des Kapitalstocks unterstellt.

Für die sechs Länder differierte die säkulare Investition um durchschnittlich $40^0/_0$ im Jahre 1955 und $43^0/_0$ im Jahre 1960 für die gesamtwirtschaftliche Investition und um $35^0/_0$ (1955) und $38^0/_0$ (1960) für die nicht-landwirtschaftliche Investition. Diese relativ großen Abweichungen sind besonders der großen Disparität Belgiens zuzurechnen. Diese Prozentsätze zeigen das Ausmaß eines bestehenden Ungleichgewichts der Kapitalakkumulation an.

Ein weiterer interessanter Aspekt ist folgender. Mit der zunehmenden Integration der sechs Länder würde man eine Konvergenz zum säkularen Gleichgewicht erwarten. Die Zahlen deuten jedoch eher auf das Gegenteil hin.

Tabelle II

Säkulare, nicht-säkulare und faktische Bruttoinvestition; Löhne und Gehälter pro nicht-landwirtschaftlichen Arbeiter und durchschnittliches Wachstum der Beschäftigten in den sechs europäischen EWG-Staaten für 1955 und 1960

Land	Löhne und Gehälter pro nicht-landw. Arbeiter (privat) in $	Kapital-stock in Mrd. heim. W.	Durchschn. Wachstum der Besch. 1955—1961	Bruttoinvestitionen in Mrd. heim. Währung			Verhältnis der nicht-säkularen zur Bruttoinvestition
				Total	säkular	nicht-säkular	
1955							
Belgien	1320	17,8	0,21	74,3	3,7	70,6	0,95
Frankreich	1600	5,4	−0,16	31,5	46,1	− 14,6	−0,46
BR Deutschland	1070	5,5	1,5	46,9	52,5	− 5,6	−0,16
Italien	800	534,5	1,7	2940,0	2334,7	605,3	0,25
Luxemburg	—	0,6	0,7	4,5	5,3	− 0,8	−0,17
Niederlande	990	1,1	1,1	7,4	4,2	3,2	0,43
1960							
Belgien	1700	20,5	0,21	110,0	4,2	105,8	0,96
Frankreich	1900	9,7	−0,16	62,3	81,1	− 18,8	−0,31
BR Deutschland	1470	9,0	1,5	75,7	84,9	− 9,2	−0,12
Italien	980	774,6	1,7	4746,0	3212,6	1533,4	0,32
Luxemburg	—	0,7	0,7	4,8	6,6	− 1,8	−0,37
Niederlande	1400	1,5	1,1	11,3	5,2	5,9	0,52

Tabelle III

Säkulare, nicht-säkulare und faktische nicht-landwirtschaftliche Bruttoinvestition; Löhne und Gehälter pro nicht-landwirtschaftlichen Arbeiter und Wachstumsrate der nicht-landwirtschaftlichen privaten Beschäftigung in den sechs europäischen EWG-Staaten für 1955 und 1960

Land	Löhne und Gehälter pro nicht-landw. Arbeiter	Durchschnittliches prozentuales Wachstum der nicht-landwirtsch. Beschäftigten	Nicht-landwirtschaftliche Bruttoinvestitionen in Mrd. heimischer Währungen			Verhältnis der nicht säkularen zur nicht-landw. Bruttoinvestition
			Total	säkular	nicht-säkular	
1955						
Belgien	1320	0,5	70,5	3,1	67,4	0,95
Frankreich	1600	1,0	28,9	37,7	− 8,8	−0,34
BR Deutschland	1070	3,1	44,4	42,9	1,5	0,03
Italien	800	3,5	2568,0	1909,0	659,0	0,25
Luxemburg	—	0,8	4,3	4,4	− 0,1	−0,02
Niederlande	990	1,4	7,1	3,4	3,7	0,52
1960						
Belgien	1700	0,5	105,5	3,6	101,9	0,96
Frankreich	1900	1,0	58,9	68,3	− 9,4	−0,16
BR Deutschland	1470	3,1	71,3	71,5	− 0,2	0,00
Italien	980	3,5	4208,0	2703,9	1504,1	0,35
Luxemburg	—	0,8	4,4	5,6	− 1,2	−0,27
Niederlande	1400	1,4	10,9	4,4	6,5	0,59

Bei bestehenden Ungleichgewichten würde man weiter annehmen, daß Länder mit hohem Arbeitseinkommen eine relativ zu niedrige Bruttoinvestition haben und umgekehrt. Nicht-säkulare Investition wäre also ausgleichend, wenn sie in Ländern mit hohem Arbeitseinkommen negativ und positiv bei niedrigen Arbeitseinkommen wäre.

Aus den Zahlen von Tabelle II und III geht hervor, sieht man von Belgien als Sonderfall ab, daß Länder mit hohem Durchschnittseinkommen wie Frankreich und Deutschland negative säkulare Investitionen haben. Bei ausgleichenden Kapitaltransfers sollten diese nicht-säkularen Investitionen zumindest relativ kleiner werden oder gar verschwinden. Dieser Trend kann nur in Einzelfällen festgestellt werden. Dagegen scheint die Entwicklung zu einem relativen Ausgleich der Durchschnittseinkommen gegeben, wenn man die Zahlen von 1955 und 1960 vergleicht.

Tabelle IV

Säkulare Investition für die sechs EWG-Staaten ohne landwirtschaftliche Beschäftigung für die Jahre 1955—1960
(in Mrd. heimischer Währung)

Land	1955	1956	1957	1958	1959	1960
Belgien	3,0	3,1	3,2	3,1	4,1	3,6
Frankreich	37,7	39,8	45,8	52,0	56,9	68,3
BR Deutschland	42,9	45,3	50,3	51,0	56,8	71,5
Italien	1909,0	1968,9	2153,8	2243,5	2377,5	2704,0
Luxemburg	4,4	4,6	5,5	1,9	4,6	5,5
Niederlande	3,4	3,4	3,5	3,4	3,9	4,4

Tabelle V

Säkulare Investition für die sechs EWG-Staaten mit landwirtschaftlicher Beschäftigung für die Jahre 1955—1960
(in Mrd. heimischer Währung)

Land	1955	1956	1957	1958	1959	1960
Belgien	3,7	3,8	3,9	3,7	5,0	4,2
Frankreich	46,1	48,5	55,4	62,7	68,3	81,1
BR Deutschland	52,5	55,1	60,9	61,5	68,1	84,9
Italien	2334,7	2396,2	2585,3	2706,6	2851,2	3212,6
Luxemburg	5,3	5,6	6,6	2,2	5,5	6,6
Niederlande	4,2	4,1	4,3	4,2	4,7	5,2

A. Durchführung der empirischen Untersuchung

Tabelle VI

Säkulare Investition für Belgien unter der Annahme eines technischen Fortschrittes von 0,1 Prozent pro Jahr für die Jahre 1955—1960
(in Mrd. heimischer Währung)

	1955	1956	1957	1958	1959	1960
mit landw. Besch.	7,8	8,0	8,1	7,6	9,0	8,7
ohne landw. Besch.	6,3	6,6	6,7	6,3	7,5	7,3

Tabelle VII

Daten des Kapitalstocks inklusive Agrarinvestitionen für die sechs EWG-Staaten in den Jahren 1955—1960
(in Mrd. der heimischen Währungen)

Land	1955	1956	1957	1958	1959	1960
Belgien	17,8	18,4	19,0	18,3	18,7	20,5
Frankreich	5,4	5,8	6,6	7,5	8,2	9,7
BR Deutschland	5,5	5,9	6,5	6,8	7,4	9,0
Italien	534,5	554,1	609,6	648,2	685,4	774,6
Luxemburg	0,6	0,6	0,7	0,3	0,6	0,7
Niederlande	1,1	1,1	1,2	1,2	1,3	1,5

Tabelle VIII

Daten des Kapitalstocks ohne Agrarinvestitionen für die sechs EWG-Staaten in den Jahren 1955—1960
(in Mrd. der heimischen Währungen)

Land	1955	1956	1957	1958	1959	1960
Belgien	14,6	15,1	15,8	15,1	15,6	17,3
Frankreich	4,4	4,7	5,5	6,2	6,8	8,2
BR Deutschland	4,5	4,9	5,4	5,6	6,2	7,6
Italien	483,1	455,0	507,1	535,7	572,1	653,4
Luxemburg	0,5	0,5	0,6	0,2	0,5	0,6
Niederlande	0,9	0,9	1,0	1,0	1,1	1,2

Andererseits haben Italien und die Niederlande mit relativ niedrigen Durchschnittseinkommen positive nicht-säkulare Investionen. Diese sollten im Laufe der folgenden Jahre ebenfalls kleiner werden, um die durchschnittlichen Einkommen zu erhöhen. Während eine Zunahme der Durchschnittseinkommen festzustellen ist, wurde die relative nicht-säkulare Investition eher größer.

Ein interessantes Ergebnis ist der Fall Deutschland. Bei Einbeziehung der landwirtschaftlichen Investitionen ist die nicht-säkulare Investition negativ, ohne Landwirtschaft leicht positiv. Dies würde bedeuten, daß die Produktivität der Investitionen in der Gesamtwirtschaft größer als in der Industrie allein ist, oder aber der Zuwachs der nichtlandwirtschaftlich Beschäftigten in der Industrie ist nicht groß genug, um den Produktivitätsausfall der Landwirtschaft mehr als auszugleichen. Der Zuwachs der Beschäftigten insgesamt war 1,5% verglichen mit 3,1% in der privaten Industrie allein.

Insgesamt zeigen die Ergebnisse, bei voller Berücksichtigung der Mängel in den verwendeten Daten, daß das Investitionsvolumen in den sechs EWG-Ländern bis zu einem gewissen Grade mit Hilfe eines neoklassischen Wachstumsmodells erklärt werden kann. Was dagegen zumindest für die ersten drei Jahre des Bestehens des gemeinsamen Marktes nicht festzustellen ist, ist die Tendenz zum Ausgleich der säkularen und faktischen Investitionen. Bei der Vielzahl der ökonomischen Komponenten, die das Investitionsvolumen bestimmen, ist dies vielleicht auch gar nicht zu erwarten.

V. Wichtige Determinanten der Nettokapitalübertragungen

Im vorigen Abschnitt wurde die säkulare Investition aus einem neoklassischen Wachstumsmodell anhand von Daten aus der Einkommensstatistik errechnet. Säkulare Investition eines Landes war jenes Niveau der Investitionstätigkeit, das internationales Gleichgewicht zwischen den Mitgliedern der Wirtschaftunion garantiert; d. h. die Gleichheit der Grenzprodukte innerhalb der Union. Nichtsäkulare Investition war jene Investition, welche bestehende Unterschiede in den Grenzprodukten oder Ertragsraten tendenziell verringert (oder vergrößert). Nicht-säkulare Investition ist dann der Ausdruck für ein bestehendes internationales Ungleichgewicht, das wiederum als Ursache für Kapitalbewegungen angesehen werden kann.

Eine grundlegende Hypothese in Kapitel III war, daß Fluktuationen in den Kapitalexporten hauptsächlich von Fluktuationen in der Investitionstätigkeit hervorgerufen werden, hier speziell wegen der Gründung der Wirtschaftsunion: Die Tendenz ein wirtschaftliches Gleichgewicht zu bewahren oder zu verwirklichen verursacht faktische oder potentielle Ertragsunterschiede und so im allgemeinen (es handelt sich ja um eine Union wirtschaftlich entwickelter und politisch stabiler Länder) eine Bewegung des Kapitals (und auch der Arbeit) in Länder (oder Industrieregionen) mit höheren Erträgen.

Daneben gibt es einen zweiten Grund für Kapitalbewegungen. Selbst bei ausgeglichenen Faktorpreisen können die einzelnen Länder

A. Durchführung der empirischen Untersuchung

mit verschiedenen Mengen an Faktoren ausgestattet sein und so unterschiedliche Pro-Kopf-Einkommen verursachen. Selbst mit gleichen Ertragsraten müßten diese Länder dann wegen ihres relativ größeren Anteils an Besitzeinkommen relativ mehr Ersparnisse bilden, was wiederum zu Kapitalexport aus diesen Ländern führen könnte. Wenn nun international die Faktorpreise ausgeglichen sind, bildet dies die letzte ökonomische Ursache für Unterschiede im Pro-Kopf-Einkommen zwischen Staaten.

Formell können diese Zusammenhänge wieder mit Hilfe der Volkseinkommensrechnung dargestellt werden. Die Differenz zwischen Volkseinkommen und Inlandseinkommen ist gleich dem Nettoeinkommen aus Auslandsinvestition, das wiederum ein Indiz für die internationale Vermögensverteilung bildet. Nehmen wir an, daß dieses Auslandseinkommen in der Hauptsache gespart wird (Sparneigung = 1), dann können die Daten über die säkulare und nichtsäkulare Investition mit dem Nettoeinkommen aus Auslandsinvestitionen verbunden werden. Daraus lassen sich dann getrennt die Wirkungen des internationalen Ungleichgewichts und der ungleichen Einkommens- und Vermögensverteilung auf die Netto-Kapitalbewegungen schätzen.

Es bedeuten:

S_b = Bruttoersparnisse
S_p = Ersparnisse aus Inlandseinkommen
sY_f = Ersparnisse aus Auslandseinkommen
I_b = Bruttoinvestition
I_s = säkulare Investition
I_n = nicht-säkulare Investition
$Net\ X$ = Nettokapitalexport

Es gilt also:

$$S_b = S_p + sY_f.$$

Die Bruttoersparnisse setzen sich additiv aus den Ersparnissen des Inlands- und Auslandseinkommens zusammen. Weiter ist:

$$I_b = I_s + I_n.$$

Die Bruttoinvestition ist gleich der Summe der säkularen und nichtsäkularen Investition. Da die Nettokapitalexporte gleich[7]

$$Net\ X = S_b - I_b$$

sind, gilt wegen oben auch:

$$Net\ X = (S_p - I_s) + (Y_f - I_n).$$

---

[7] Es gilt ja die Beziehung: Nettoexporte = Bruttoeinkommen — inländische Ausgaben. Es sind C = Konsumausgaben, S = Ersparnisse, T = die Nettobesteuerung, G = öffentliche Ausgaben. Dann gilt: $Net X = C + S + T - (C + I + G)$ oder vereinfacht: $Net X = S - I$. Dieser Methode liegt auch die

4. Kapitel: Einige empirische Fakten

Da I_s das Investitionsniveau bei Gleichgewicht und S_p das Sparvolumen bei einem Auslandseinkommen von null ist, kann $(S_p - I_s)$ als hypothetisches Niveau der Nettoexporte bei Gleichgewicht in der Faktorallokatien angesehen werden; I_s ist das Gleichgewichtsniveau der Investitionen zur Garantie des Gleichgewichts in der Wirtschaftsunion. $(S_p - I_s)$ ist dann der Nettofluß des Kapitals, das zur Aufrechterhaltung dieses Gleichgewichts notwendig ist, wobei angenommen wird, daß keine Unterschiede in den Ersparnissen aus internationalen Verteilungsungleichheiten bestehen.

Die Nettokapitalbewegungen, die auf Unterschiede in der internationalen Einkommensverteilung aus Besitzeinkommen und nichtsäkularen Investitionen zurückzuführen sind, sind gleich $(Y_f - I_n)$. I_n enthält Investitionsausgaben, die angleichend hinsichtlich unterschiedlicher Ertragsraten sind; Y_f mißt relative Überschüsse oder Defizite nationaler Ersparnisse, die aus Unterschieden in den Auslandseinkommen herrühren.

Somit kann der hypothetische Kapitalexport $(S_p - I_s)$ als gleichgewichtserhaltend, $(Y_f - I_n)$ als jener Nettoexport an Kapital betrachtet werden, der aus dem Bestehen bzw. Entstehen von einer ungleichen internationalen Verteilung des Besitzes herrührt.

Die Korrelationen[8] zwischen faktischen und hypothetischen Kapitalexporten ergibt für das Jahr 1955: —0,9574 und für 1960: 0,7995. Der Umschlag von negativer zu positiver Korrelation tritt im Jahre 1958 ein. Eine ökonomische Interpretation für die Jahre 1955—1958 bedeutet also, je größer das Ungleichgewicht zwischen inländischem Sparvolumen und säkularem Investitionsvolumen, desto geringer der Kapitalexport in Form von Gütern und Dienstleistungen, oder je geringer die Differenz zwischen Sparvolumen und säkularer Investition, desto größer der Kapitalexport. Ab 1958 ist das Ergebnis umgekehrt, je größer der positive Unterschied, desto größer der Kapitalexport. Dieses Ergebnis ist sinnvoll und zeigt, daß die Kapitalbewegungen im Verlaufe der Entwicklung der Europäischen Wirtschaftsgemeinschaft ökonomisch waren.

Die bisherigen statistischen Ergebnisse über die Ursachen von Kapitalbewegungen zeigen also ein Gleichgewicht in der Allokation von Ersparnissen innerhalb der EWG an.

Annahme zugrunde, daß jede Kapitalbewegung mit einer entsprechenden Güterbewegung verbunden sein muß. Es ist dabei gleichgültig, solange nicht nach Ursachen gefragt wird, ob die Güterbewegung zeitlich vor oder nach der monetären Übertragung erfolgt oder vice versa.

[8] Die Daten wurden teilweise den Statistics of National Accounts, a. a. O., und den Statistics of Balance of Payments 1950—1961, Paris 1964, und den Basic Statistics for fifteen European Countries, Statistics Office of the European Communities, Brussels 1961 and 1963 entnommen.

A. Durchführung der empirischen Untersuchung

Tabelle IX

Korrelationskoeffizienten zwischen faktischen und hypothetischen Kapitalexporten aufgrund eines internationalen Gleichgewichtes in der EWG 1955—1960

	1955	1956	1957	1958	1959	1960
Korrelationskoeffizient	−0,9574	−0,9753	−0,9921	0,9986	0,9975	0,7995
Sicherheitsniveau	0,05	0,05	0,01	0,01	0,01	0,05

Eine sonderbare Entwicklung ist für die Jahre 1958—1960 bei jenen Kapitalübertragungen zu beobachten, die von internationalen Ungleichgewichten in der Einkommensverteilung herrühren ($Y_f - I_n$). Von rein theoretischen Überlegungen her gesehen müßte man annehmen, daß je höher im allgemeinen der positive Unterschied zwischen dem Einkommen aus Auslandsbesitz und der nicht-säkularen Investition ist, desto höher der ökonomische Kapitalexport. Für die Jahre 1955—1957 ist eine hohe positive Korrelation zu beobachten, die mit 0,01% Fehlerwahrscheinlichkeit gesichert ist. Für 1958 und 1959 ergibt sich eine hohe negative Korrelation und für 1960 eine nicht signifikante von —0,8068. Es können dafür verschiedene Erklärungen gegeben werden. Die Tatsache, daß die ersten Jahre der europäischen Integration, was Kapitalbewegungen betrifft, eher störend als ausgleichend waren, ist recht interessant. Eine Möglichkeit könnte darin liegen, daß ausländische Gesellschaften einen Großteil ihrer Gewinne in den EWG-Ländern beließen. Dann gibt es natürlich die Möglichkeit ungenauer Daten, die zu dem Ergebnis führten. Diese Erklärung

Tabelle X

Korrelationskoeffizienten zwischen faktischen und hypothetischen Kapitalbewegungen aus Gründen der internationalen ungleichen Einkommensverteilung innerhalb der EWG-Staaten, 1955—1960

	1955	1956	1957	1958	1959	1960
Korrelationskoeffizient	0,9930	0,9916	0,9932	−0,9983	−0,9977	−0,8068
Sicherheitsniveau	0,01	0,01	0,01	0,01	0,01	0,05

kann aber nur auf das Ergebnis von 1960 angewandt werden; denn ein Korrelationskoeffizient von —0,8068 hat bei einer Fehlerwahrscheinlichkeit von 0,05 und bei fünf Beobachtungsdaten immerhin die Streuungsmöglichkeit zwischen +0,15 und — 1,00. Der ermittelte

Korrelationskoeffizient kann so leicht ein falsches Resultat ergeben⁹. Schließlich können auch noch andere Ursachen oder aber überhaupt autonome Kapitalbewegungen für die Jahre 1958 bis 1960 vorliegen.

VI. Kapitalübertragungen und wirtschaftliches Wachstum

Aus den Ergebnissen von V könnte gefolgert werden, daß Länder mit höherem Einkommen, und deshalb höheren Ersparnissen, Kapitalexporteure, und Länder mit niedrigem Einkommen deshalb Kapitalimporteure sind. Die empirische Erforschung dieser Hypothesen ergibt aber für die EWG-Länder keinen signifikanten Zusammenhang. Nur für die Jahre 1956, 1957 ist eine leicht positive Korrelation festzustellen, die aber nicht als signifikant angesehen werden darf (0,2712 und 0,3079). In allen anderen Fällen besteht eher ein negativer Zusammenhang, der für 1955 und 1960 am ausgeprägtesten ist (—0,7654 und —0,6559). Dies kann aber auch so gedeutet werden, daß positive Korrelationen die Hypothese konfirmieren und somit einen induzierten Kapitalexport, negative Korrelationen einen autonomen Kapitalexport andeuten.

Eine weitere theoretische Hypothese ist, daß Länder mit relativ niedrigerem Einkommen relativ höhere Wachstumsraten und vice versa haben. Dahinter steht die Annahme, daß bei relativ niedrigen Arbeitseinkommen die Profiteinkommen entsprechend höher sind und damit die Investitionstätigkeit auf hohem Niveau bleibt. Ein hohes Investitionsvolumen garantiert aber andererseits eine hohe Wachstumsrate. Die Korrelation des Pro-Kopf-Einkommens mit den Wachstumsraten des Volkseinkommens gibt eine schwach negative Korrelation in fast allen Jahren. Wenn diese Koeffizienten auch nicht gesichert sind, so besteht doch eine Tendenz zur Konfirmierung der Hypothese.

Tabelle XI

Korrelationskoeffizienten zwischen Wachstum und Pro-Kopf-Einkommen in den sechs EWG-Staaten für 1955—1960

	1955	1956	1957	1958	1959	1960
Korrelationskoeffizient	−0,3449	−0,4001	−0,0168	−0,1803	−0,3925	−0,4661

Wenn man den Kapitalexport pro Kopf und das Pro-Kopf-Einkommen korreliert, gibt es nur in den Jahren 1957 und 1960 einen posi-

---
⁹ Vgl. A. C. *Bennett*, N. C. *Franklin*, Statistical Analysis in Chemistry and the Chemical Industry, New York, London, 1954, S. 274 ff.

tiven Zusammenhang mit 0,1474 und 0,5512, der aber wiederum nicht als signifikant angesehen werden darf. Für die übrigen Jahre sind die Koeffizienten negativ. Es besteht also zumindest eine Tendenz dazu, daß Länder mit hohem Pro-Kopf-Einkommen Nettokapitalimporteure sind. Diese Tatsache ist deshalb von einer gewissen Bedeutung, weil man annehmen könnte, daß entwickelte Industriestaaten viel weniger von Kapitalimporten abhängig sind als etwa Entwicklungsländer.

Tabelle XII

Korrelationskoeffizienten zwischen Kapitalexport pro Kopf und den Pro-Kopf-Einkommen für die sechs EWG-Länder für 1955—1960

	1955	1956	1957	1958	1959	1960
Korrelationskoeffizienten	−0,1512	−0,5625	0,1474	−0,0474	−0,4075	0,5512

Korreliert man den Kapitalexport pro Kopf mit der Wachstumsrate des Pro-Kopf-Einkommens, so ergeben sich ebenfalls leicht negative Korrelationsraten.

Tabelle XIII

	1955	1956	1957	1958	1959	1960
Korrelationskoeffizienten	0,4312	−0,6371	−0,0178	−0,2188	−0,5050	−0,2951

Eine Korrelation zwischen totalen Nettoexporten und den Wachstumsraten des Volkseinkommens gibt nur teilweise eine tendenzielle Konfirmation der Hypothese, daß nämlich Länder mit höherem Einkommen auch Nettokapitalimporteure sind. Die Korrelationskoeffizienten für die sechs EWG-Länder in den Jahren 1955—1960 sind respektive: 0,4229; 0,3136; —0,0462; —0,1246; —0,3165; 0,5998.

Wählt man als Variable nicht das Volkseinkommen, sondern das Bruttonationalprodukt, so ergeben sich für die Jahre 1955—1957 sehr signifikante (0,01) Koeffizienten von —0,9722; —0,9708; —0,9939. Für 1958—1960: 0,9952; 0,9862 und 0,7432. Dieses Ergebnis würde wiederum beinhalten, daß die Integration der Sechs eher zu unökonomischen Kapitalbewegungen den Anlaß gab. Die Ursache dafür könnte Handelsablenkung sein.

Führt man dieselben Rechnungen mit nicht landwirtschaftlichen privaten Arbeitern als Variable durch, so ergeben sich etwas signifikantere Resultate. Die Korrelation zwischen Nettokapitalexport pro Kopf und der Wachstumsrate des Pro-Kopf-Einkommens ist positiv für das Jahr 1960. Die errechneten Werte sind: —0,6832; —0,7307; —0,3549; —0,6697; —0,7995 und 0,2151. Die Korrelationskoeffizienten zwischen Nettoexport pro nicht-landwirtschaftlichen Arbeiter sind durchweg negativ: —0,3687 —0,2671; —0,2258; —0,3377; —0,6904; —0,7550. Erstaunlich ist, daß die negative Korrelation mit zunehmender Integration signifikanter wird.

Diese letzteren Ergebnisse zeigen die Wichtigkeit der Pro-Kopf-Einkommen und des Wachstums der Pro-Kopf-Einkommen für den Kapitalexport. Dies deutet darauf hin, daß Investoren dort ihr Kapital investieren, also eine exogene Entscheidung vorliegt, wo das höhere Wachstum erzielt wird. Länder mit niedrigen Pro-Kopf-Einkommen exportieren Kapital und vice versa.

Im letzten Kapitel wurde auch darauf hingewiesen, daß im Harrod-Domar-Modell die Wachstumsrate eine Funktion der Sparquote plus Nettoimportquote ist. Je größer der Anteil des Einkommens, der auf Nettoimporte verwendet wird, desto größer die angemessene Wachstumsrate. Wenn wir vereinfachend annehmen, daß die marginalen Spar- und Importneigungen gleich der Sparquote und der Nettoimportquote sind, kann die Summe dieser beiden Quoten mit der Wachstumsrate korreliert werden. Die Ergebnisse deuten zumindest tendenziell auf die Richtigkeit der Hypothese hin. Die Koeffizienten sind: —0,3262; —0,2313; —0,6184; 0,5447; 0,9574; 0,5715.

B. Abschließendes Urteil

Behandelt man die sechs EWG-Länder als ökonomische Einheit, so läßt sich mit einem neoklassischen Wachstumsmodell, angewandt auf die EWG-Mitglieder, errechnen, ob Kapitalbewegungen in Form von Güterbewegungen ökonomischen Gesetzmäßigkeiten unterliegen oder nicht. Errechnet man aus den verfügbaren Daten die säkulare Investition, so wäre die nicht-säkulare Investition im allgemeinen ausgleichend (Belgien fällt wegen eines nicht-positiven technischen Fortschritts aus dem Rahmen). Länder mit hohem Einkommen pro nicht-landwirtschaftlichem Arbeiter (privat) haben eine negative nicht-säkulare Investition, d. h. sie müßten desinvestieren, um den neoklassischen Wachstumspfad zu erreichen.

Als Determinanten der Kapitalexporte der EWG-Länder sind zwei besonders deutlich zu sehen: (1) Einmal die unterschiedliche Spartätigkeit im Verhältnis zur säkularen Investition; und (2) das Einkommen aus Auslandsinvestitionen, das auf eine ungleiche Einkommensverteilung innerhalb der EWG-Mitglieder hinweist. In beiden

B. Abschließendes Urteil

Fällen ergeben sich hohe signifikante Korrelationen, so daß also einerseits ökonomische Kapitalbewegungen aus der positiven Differenz zwischen inländischen Sparvolumen und säkularer Investition, anderseits durch eine positive Differenz zwischen Einkommen aus Auslandsinvestition und nicht-säkularer Investition induziert wurden. Im ersten Falle führt die Integration zu ökonomischen Kapitalbewegungen, im zweiten Fall nicht. Ursachen dafür sind nicht unmittelbar zu ersehen.

Fragt man nach dem Beitrag von Kapitalimporten in Ländern mit niedrigerem Einkommen zu höheren Wachstumsraten, so sind die Ergebnisse nur im Falle der Nettokapitalimporte pro nicht-landwirtschaftlichen Arbeiter und den Pro-Kopf-Einkommen einigermaßen signifikant. In allen anderen Fällen ergeben sich teilweise widersprüchliche und weniger signifikante Resultate. Aus den Ergebnissen ist jedoch zumindest tendenziell zu ersehen, daß Kapitalbewegungen im Falle der EWG zu höher rentierlichen Verwendungen geführt wurden. Daß die Ergebnisse, besonders in VI, oft nur tendenziell deutbar sind, ist nicht zuletzt eine Folge der Regierungstransaktionen, die oft, wie im Falle Deutschlands, von politischen und nicht von ökonomischen Grundsätzen geleitet sind.

Die Hypothese der Harrod-Domar-Modelle einer positiven Korrelation zwischen der Wachstumsrate und der Sparquote plus Nettoimportquote findet eine gewisse empirische Bestätigung.

Schlußwort

Die vorliegende Arbeit bringt ein altes Problem in neuem Zusammenhang und mit neuer Behandlungsweise. Kapital wird als Produktionsfaktor aufgefaßt, dessen Nichtvorhandensein oder Vorhandensein den Wohlstand der beteiligten Volkswirtschaften in ganz bestimmter Weise beeinflußt. Bei der Integrationsform der Wirtschaftsunion spielt die internationale Mobilität dieses Produktionsfaktors (und der übrigen) zwischen den Mitgliedstaaten eine entscheidende Rolle. Dies wurde nicht nur anhand von statischen, sondern auch von dynamischen (evolutorische Volkswirtschaft) Verhältnissen aufgezeigt. Die Betrachtung einer wachsenden Wirtschaft kann so die traditionellen Ergebnisse in hohem Maße beeinflussen.

Als wichtiges Ergebnis der Untersuchung ist festzuhalten, daß jedes weitergehende wirtschaftliche Integrationsprojekt die Faktorbewegungen liberalisieren muß. Wichtig ist dabei, daß, je nach den Umständen, die öffentliche Finanz-, Sozial- und Wirtschaftspolitk die Richtung der privaten Kapitalbewegungen beeinflußt. Eine begrenzte empirische Untersuchung der Kapitalübertragungen zwischen den sechs europäischen EWG-Ländern zeigt, daß wohl eine Tendenz zu ökonomischen und damit wohlstandssteigernden Kapitaltransfers besteht, diese aber nur in Teilbereichen durch die zunehmende Integration gefördert werden.

Bibliografie

Bücher

Balassa, B., — The Theory of Economic Integration, Homewood, Ill., London 1961.

Erdmann, P., *Rogge*, P., — Die Europäische Wirtschaftsgemeinschaft und die Drittländer, Veröffentlichungen der List-Gesellschaft e. V., Band 19, Basel-Tübingen, 1960.

Giersch, H., Allgemeine Wirtschaftspolitik, Erster Band, Grundlagen, Wiesbaden 1960.

Haberler, G., — International Trade and Economic Development, Cairo, 1959.

— Dynamization of the Theory of International Trade, In: Guest Lectures in Economics, ed. by E. *Henderson*, L. *Spaventa*, Milano, 1962.

Humphrey D. D., *Ferguson*, Ch., E. — The Domestic and World Benefits of a Customs Union, Economia Internazionale, 13 (1960), S. 197 ff.

Iversen, C., — The Aspects of the Theory of International Capital Movements, Copenhagen, 1936.

Johnson, H. G. — Economic Expansion and International Trade, The Manchester School of Economic and Social Studies, 23 (1955). Wiederabgedruckt in: International Trade and Economic Growth, Studies in Pure Theory, London, 1958.

— International Trade and Economic Growth, Studies in Pure Theory, London, 1958.

— Effects of Changes in Comparative Costs and Influenced by Technical Change: In International Trade Theory in a Developing World, New York, 1963.

Lamfalussy, A., — Investment and Growth in Mature Economies. The Case of Belgium, London-New York, 1961.

Little, I. M. D., — A Critique of Welfare Economics, second edition, Oxford, 1957.

Lundstroem, H. O., — Capital Movements and Economic Integration, Leyden, 1961.

Mackscheidt, K., — Die Heckscher-Ohlinsche Theorie und der Ausgleich der Faktorpreise, Dissertation, Mainz, 1966.

Maede, J. E., — Problems of Economic Union, London, 1953.

— The Theory of Customs Union, Amsterdam, 1955.

— Trade and Welfare, The Theory of International Economic Policy, Volume II, London — New York — Toronto, 1955.

Minhas, B. S., — An International Comparison of Factor Costs and Factor Use, Amsterdam, 1963.

Nurkse, R., — Internationale Kapitalbewegungen, Wien, 1935.

Ohlin, B., — Interregional and International Trade, Cambridge, 1933.

Predoehl, A., — Außenwirtschaft, Weltwirtschaft, Handelspolitik und Währungspolitik, Göttingen, 1949.

Preiser, E., — Kapitalexport und Vollbeschäftigung, Economia Internazionale (1950), Bildung und Verteilung des Volkseinkommens, Gesammelte Aufsätze zur Wirtschaftstheorie und Wirtschaftspolitik, Göttingen, 1961.

Romus, P., — Expansion Economique régionale et Communautée Européenne, Leyden, 1958.

Rose, K., — Theorie der Außenwirtschaft, Berlin — Frankfurt am Main, 1964.

Samuelson, P. A., — The Gains from International Trade, Canadian Journal of Economics and Political Science, 5 (1939). Wiederabgedruckt in: Readings in the Theory of International Trade, London, 1958.

Sannwald, R., *Stohler*, J., — Wirtschaftliche Integration, Basel, 1958.

Scitovsky, T., — Economic Theory and Western European Economic Integration, Stanford, London, 1958.

Tinbergen, J., — International Economic Integration, Amsterdam, 1954.

— The Equalization of Prices between Free-Trade Areas, in: Selected Papers, ed. by L. H. Klaassen, L. M. Koyck, H. J. Witteveen, Amsterdam, 1959.

Viner, J., — The Customs Union Issue, London, 1950.

Zeitschriften

Bhagwati, J., — International Trade and Economic Expansion, The American Economic Review, 48 (1958).

— Immizerising Growth: A Geometrical Note, The Review of Economic Studies, 25 (1957/58).

— The Pure Theory of International Trade: A Survey, The Economic Journal, 74 (1964).

Binswanger, H. Ch., — Allgemeine Theorie der Integration, Weltwirtschaftliches Archiv, 90 (1963 II).

Chenery, H. B., — Patterns of Industrial Growth, The American Economic Review, 50 (1960).

Enke, S., — Some Gains from Trade in Producer Goods, The Quarterly Journal of Economics, 75 (1961).

Gehrels, F., — Customs Unions from a Single Country Viewpoint, The Review of Economic Studies, 24 (1956/57).

Johnson, H. G., — The European Common Market — Risk or Opportunity? Weltwirtschaftliches Archiv, 79 (1957 II).

Jones, R. W., — Factor Proportions and the Heckscher-Ohlin Theorem, The Review of Economic Studies, 24 (1956/57).

Kemp, M. C., — The Gain from International Trade, The Economic Journal, 72 (1962).

Krelle, W., — Investition und Wachstum, Jahrbücher für Nationalökonomie und Statistik, 176 (1964).

Lerner, A. P., — Factor Prices and International Trade, Economica, N. S., 19 (1952).

Lipsey, R. G., — The Theory of Customs Unions: Trade Diversion and Welfare, Economica, 24 (1957).

— The Theory of Customs Unions: A General Survey, The Economic Journal, 70 (1960).

Minhas, B. S., — The homohypallagic Production Function, Factor-Intensity Reversals and the Heckscher-Ohlin Theorem, The Journal of Political Economy, 70 (1962).

Morgan, E. V., *Rees*, G. L., — Non-Traded Goods and International Factor-Price Equalization, Economica, N. S., 21 (1954).

Mundell, K. A., — International Trade and Factor Mobility, The American Economic Review, 47 (1957).

— The Pure Theory of International Trade, The American Economic Review, 50 (1960).

Pearce, J. F., — The Factor Price Equalization Myth, Review of Economic Studies, 19 (1951/52).

Robinson, J., — Factor Prices not Equalized, Quarterly Journal of Economics, 78 (1964).

Robinson, R., — Factor Proportions and Comparative Advantage, The Quarterly Journal of Economics, 70 (1956).

Samuelson, P. A., — International Trade and the Equalization of Factor Prices, The Economic Journal, 58 (1948).

— International Factor Price Equalization once Again, The Economic Journal, 59 (1949).

— Prices of Factors and Goods in General Equilibrium, The Review of Economic Studies, 21 (1953/54).

— The Gains from International Trade Once Again, The Economic Journal, 72 (1962).

Spraos, J., — The Condition for a Trade-Creating Customs Union, The Economic Journal, 74 (1964).

Streeten, P., — Common Fallacies about the Common Market, Weltwirtschaftliches Archiv, 90 (1963 I).

— Problems of Economic Integration, Weltwirtschaftliches Archiv, 90 (1963 I).

Tatemotu, M., *Ichimura*, S., — Factor Proportions and Foreign Trade: The Case of Japan, The Review of Economics and Statistics, 41 (1959).

Weber, W., unter Mitwirkung von *Schleicher*, H., — Das österreichische Kreditgewerbe in der Integration. Entwicklungsaussichten des österreichischen Kreditgewerbes in der Europäischen Wirtschaftsintegration, Wien, 1964.

Die Arbeit wurde im Januar 1967 abgeschlossen.

Printed by Libri Plureos GmbH
in Hamburg, Germany